高等职业院校互联网+新形态创新系列教材·计算机系列

多媒体课件制作案例教程
(基于 PowerPoint 2016)(微课版)

廖庆涛　李绍臣　张　锋　主　编

清华大学出版社

北京

内 容 简 介

本书针对零基础的读者，通过实例，系统地介绍如何使用 PowerPoint 2016 进行幻灯片的制作，使初学者快速掌握 PowerPoint 2016 的相关知识和使用方法。

本书共分 9 个项目，包括工作计划课件——PowerPoint 的基本操作、公司会议课件——主题与文本的应用、公司组织结构图——SmartArt 图形的应用、统计报告课件——图表的应用、歌曲欣赏课件——多媒体技术的应用、投资理财方式——动画的应用、电影介绍课件——超链接的应用、个人简历的制作——放映管理课件和项目实践，可以在学习 PowerPoint 2016 知识后巩固实践，从而使读者能融会贯通、举一反三。

本书实例丰富、内容通俗易懂。为方便教学，本书配套微课视频、所有实例的素材文件、场景文件、效果文件及习题答案等，读者可扫描书中或前言末尾左侧二维码观看或下载；针对教师，本书另赠 PPT 课件等，教师可扫描前言末尾右侧二维码获取。

本书适合高等院校师范类、教育技术等专业及各类计算机职业教育学校作为办公自动化的教材使用，同时，也是办公人员、家庭电脑初学者的最佳自学参考书。

图书在版编目(CIP)数据

多媒体课件制作案例教程：基于 PowerPoint 2016：微课版/廖庆涛，李绍臣，张锋主编. —北京：清华大学出版社，2022.6(2025.7 重印)

高等职业院校互联网+新形态创新系列教材. 计算机系列

ISBN 978-7-302-59571-7

Ⅰ. ①多…　Ⅱ. ①廖…　②李…　③张…　Ⅲ. ①多媒体课件—制作—高等职业教育—教材　Ⅳ. ①G434

中国版本图书馆 CIP 数据核字(2021)第 237378 号

责任编辑：桑任松
封面设计：杨玉兰
责任校对：周剑云
责任印制：杨　艳

出版发行：清华大学出版社
　　网　　　址：https://www.tup.com.cn, https://www.wqxuetang.com
　　地　　　址：北京清华大学学研大厦 A 座　　　　邮　　编：100084
　　社 总 机：010-83470000　　　　　　　　　　邮　　购：010-62786544
　　投稿与读者服务：010-62776969, c-service@tup.tsinghua.edu.cn
　　质量反馈：010-62772015, zhiliang@tup.tsinghua.edu.cn
　　课件下载：https://www.tup.com.cn, 010-62791865
印 装 者：三河市龙大印装有限公司
经　　销：全国新华书店
开　　本：185mm×260mm　　　印　张：16　　　字　数：387 千字
版　　次：2022 年 7 月第 1 版　　　　　　印　次：2025 年 7 月第 3 次印刷
定　　价：49.00 元

产品编号：092049-02

前　　言

　　计算机是现代信息社会的重要工具，掌握丰富的计算机知识、正确熟练地操作计算机已成为信息时代对每个人的要求。为满足广大读者的学习需要，我们针对不同学习对象的接受能力，总结了多位计算机高手、高级设计师及计算机教育专家的经验，精心编写了本书。

　　在现代商务交流活动中，人们不再满足于枯燥乏味的文字，而是寻求更多可视化的沟通和表达方式。不管是在公司内部、各公司之间还是在教育等非商业领域，幻灯片演示文稿 PowerPoint 因其丰富的多媒体特性，已经成为日常工作、学习中不可缺少的一部分，它使信息的交流更加直观、有效。

　　一般来说，掌握 PowerPoint 的常用功能只需要一周的时间，但并不是只要熟悉其功能，就能制作出优秀的演示文稿。与其他设计领域相同，要想设计出令人赞叹的报告，必须拥有好的"设计感和表现感"。而这些感觉，并不是像学习软件功能一样通过几天的学习就能掌握的，必须经过长期的实际操作，在实践中逐渐培养。

　　本书从使用角度出发，系统地讲解 PowerPoint 2016 的各种功能。

　　全书共分为 9 个项目。

　　项目 1　着重讲解 PowerPoint 2016 的基本操作，如新建演示文稿、新建幻灯片、复制幻灯片、移动幻灯片、保存演示文稿。

　　项目 2　讲解主题与文本的应用，PowerPoint 2016 中提供了大量的内置主题、背景样式和图案，方便用户对幻灯片的画面色彩和背景图案进行设置，以制作出美观大方、具有专业水准的演示文稿。

　　项目 3　介绍 SmartArt 图形的应用，SmartArt 图形是一种矢量图形对象，使用 SmartArt 图形，能够快捷直观地表现层次结构、组织结构、并列关系及循环关系等常见的关系结构，同时，还可以获得具有立体感并且漂亮精美的图形。

　　项目 4　介绍图表类型的创建与设计、图表数据的编辑、图表的布局设置及数据系列的设置等内容。

　　项目 5　主要介绍如何为幻灯片添加视频、音频文件，以及如何进行设置。

　　项目 6　介绍如何添加动画效果。

　　项目 7　介绍如何设置超链接。

　　项目 8　着重介绍如何放映幻灯片、设置幻灯片等。

　　项目 9　主要是通过一个项目案例，综合地讲解 PowerPoint 2016 的各项应用技能。

　　本书主要特点如下。

● 内容全面，几乎覆盖了与 PowerPoint 相关的所有基础知识。

● 语言通俗易懂，讲解清晰，前后呼应。以最小的篇幅、通俗易懂的语言讲述每一项功能和每一个实例。

● 实例丰富，技术含量高，与实践紧密结合。每一个实例都倾注了作者多年的实践经验，每一个功能都经过技术认证。

● 版面美观，图例清晰，并具有针对性。每一个图例都经过作者精心策划和编辑。

本书由廖庆涛、李绍臣、张锋任主编，其他参与编写的人员还有李小曼、刘蒙蒙、朱晓文、尹慧玲，谢谢你们在书稿前期材料的组织、版式设计、校对、编排以及大量图片的处理方面所做的工作。

由于作者水平有限，疏漏之处在所难免，恳切希望广大读者批评指正。

编　者

读者资源下载

教学资源服务

目录

项目 1 工作计划课件——PowerPoint 的基本操作 1

    任务 1　新建演示文稿 3

        知识储备 3

        任务实践 4

    任务 2　新建幻灯片 5

        知识储备 5

        任务实践 6

    任务 3　复制幻灯片 7

        知识储备 7

        任务实践 7

    任务 4　移动幻灯片 8

        知识储备 8

        任务实践 9

    任务 5　保存演示文稿 10

        知识储备 10

        任务实践 10

    上机实训　诗词鉴赏 11

    习题 12

项目 2 公司会议课件——主题与文本的应用 13

    任务 1　制作公司会议课件的背景 15

        知识储备 15

        任务实践 18

    任务 2　制作课件标题 20

        知识储备 20

        任务实践 21

    任务 3　设置主题内容 23

        知识储备 23

        任务实践 25

    上机实训　企业价值观 26

    习题 28

项目 3 公司组织结构图——SmartArt 图形的应用 29

    任务 1　导入图像文件作为背景 32

        知识储备 32

任务实践..32
　　　　任务2　创建并设置图形..34
　　　　　　　知识储备..34
　　　　　　　任务实践..40
　　　　任务3　添加文本并进行设置..43
　　　　　　　知识储备..43
　　　　　　　任务实践..46
　　　　上机实训　制作洗车流程图..48
　　　　习题..51

　项目4　统计报告课件——图表的应用...53
　　　　任务1　添加背景图像..55
　　　　　　　知识储备..55
　　　　　　　任务实践..58
　　　　任务2　应用图表..59
　　　　　　　知识储备..59
　　　　　　　任务实践..63
　　　　任务3　编辑图表..64
　　　　　　　知识储备..64
　　　　　　　任务实践..66
　　　　上机实训　销售额占比分布图..69
　　　　习题..72

　项目5　歌曲欣赏课件——多媒体技术的应用...73
　　　　任务1　插入视频素材并设置..75
　　　　　　　知识储备..75
　　　　　　　任务实践..77
　　　　任务2　插入音频素材并设置..79
　　　　　　　知识储备..79
　　　　　　　任务实践..80
　　　　上机实训　制作布偶猫介绍演示文稿..81
　　　　习题..83

　项目6　投资理财方式——动画的应用...85
　　　　任务1　输入文字并为文字添加动画..87
　　　　　　　知识储备..87
　　　　　　　任务实践..88
　　　　任务2　设置动画效果..91
　　　　　　　知识储备..91

　　　　　任务实践 93

　　　任务3　为对象添加多个动画效果 97

　　　　　知识储备 97

　　　　　任务实践 98

　　　任务4　打印幻灯片 101

　　　　　知识储备 101

　　　　　任务实践 104

　　　上机实训　团建策划 105

　　　习题 117

项目7　电影介绍课件——超链接的应用 119

　　　任务1　创建超链接 120

　　　　　知识储备 120

　　　　　任务实践 122

　　　任务2　创建动作 153

　　　　　知识储备 153

　　　　　任务实践 154

　　　任务3　添加切换效果及设置 155

　　　　　知识储备 155

　　　　　任务实践 157

　　　任务4　将演示文稿发布为其他格式 158

　　　　　知识储备 158

　　　　　任务实践 160

　　　上机实训　制作美食甜品演示文稿 161

　　　习题 164

项目8　个人简历的制作——放映管理课件 165

　　　任务1　添加备注 167

　　　　　知识储备 167

　　　　　任务实践 168

　　　任务2　为动画效果排练计时 169

　　　　　知识储备 169

　　　　　任务实践 169

　　　任务3　放映幻灯片 179

　　　　　知识储备 179

　　　　　任务实践 184

　　　任务4　打包PPT 185

　　　　　知识储备 185

　　　　　任务实践 186

上机实训　教学课件 187

　　习题 194

项目 9　项目实践 195

　　任务 1　制作封面 196

　　任务 2　制作目录页 199

　　任务 3　制作"培训目的" 203

　　任务 4　制作"培训流程" 210

　　任务 5　制作其他幻灯片 214

　　课后练习　团队精神 217

参考文献 247

项目 1

工作计划课件——PowerPoint 的 基本操作

【项目导入】

本项目将介绍"工作计划课件"的制作方法，通过本项目，可以学到 PowerPoint 的一些基本操作，例如新建演示文稿、复制幻灯片、移动幻灯片等。

(1) 在制作"工作计划课件"之前，首先要新建一个空白的演示文稿。启动 PowerPoint 2016，在弹出的界面中选择"空白演示文稿"选项，如图 1-1 所示，选择完成后，即可创建一个空白的演示文稿。

图 1-1　选择"空白演示文稿"选项

(2) 创建完成空白演示文稿后，需要在新创建的空白演示文稿中，新建一个空白幻灯片，在"开始"选项卡中选择"空白"版式，如图 1-2 所示。

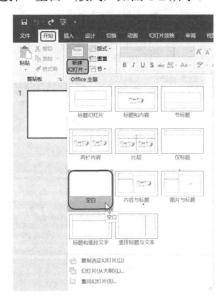

图 1-2　选择"空白"版式

（3）在打开的素材文件中复制相应的幻灯片，并根据需要调整幻灯片的位置，最后对演示文稿进行保存即可。

【项目分析】

本项目主要讲解如何新建演示文稿、如何新建幻灯片，以及如何移动幻灯片并对幻灯片进行保存等。通过本项目的学习，可以熟练地掌握 PowerPoint 的基本操作，为后面的学习奠定基础。

【能力目标】

（1）了解演示文稿的创建。
（2）了解演示文稿的定义。

【知识目标】

（1）掌握如何利用模板创建演示文稿。
（2）掌握如何创建空白演示文稿。

任务 1　新建演示文稿

知识储备

新建演示文稿.mp4

1. 演示文稿的简介

演示文稿(Microsoft Office PowerPoint)是美国微软公司出品的办公软件系列的重要组件之一(其他还有 Excel、Word 等)。用户通过演示文稿，不仅可以在投影仪或者计算机上进行演示，还可以将演示文稿打印出来，制作成胶片，以便应用到更广泛的领域。

Microsoft Office 演示文稿是一种图形程序，是功能强大的制作软件，可协助用户独自或联机创建持久的视觉效果。它增强了多媒体支持功能，利用该软件制作的演示文稿，可以通过不同的方式播放，也可将演示文稿打印成一页一页的幻灯片，使用幻灯片机或投影仪播放，还可以将演示文稿保存到光盘中进行分发，并可在幻灯片放映过程中播放音频流或视频流。

PowerPoint 2016 对用户界面进行了改进，并增加了云储存的功能，可以更加便捷地查看和创建高品质的演示文稿。

2. 新建演示文稿

可以新建空白演示文稿，也可以根据模板或其他演示文稿创建新的演示文稿。使用模板或现有的演示文稿，可以节省一些时间。然而，如果有一个特殊的想法，那么，空白演示文稿可以为我们提供一个干净的工作区。

（1）新建空白演示文稿。

空白演示文稿只有一张幻灯片，即标题幻灯片，它是不含有任何主题设计、背景设计的演示文稿。

创建空白演示文稿的方法有多种，具体如下。

① 按 Ctrl+N 组合键，该命令适用于在现有的演示文稿的基础上创建一个新的空白演示文稿，该操作方法简单快捷。

② 启动 PowerPoint 2016 后，在弹出的界面中选择"空白演示文稿"选项，同样也可以创建一个新的空白演示文稿。

③ 在 PowerPoint 2016 的应用界面中单击"文件"按钮，在弹出的界面中选择"空白演示文稿"选项，其效果与在启动软件后的界面中选择"空白演示文稿"选项基本相同。

(2) 通过样本模板创建演示文稿。

若要使演示文稿的普通幻灯片中包含精心编排的元素和颜色、字体、效果、样式以及版式，可以使用模板来创建演示文稿。用户可以从 Microsoft Office 官方网站或第三方网站下载模板。

在 PowerPoint 2016 中提供了多种联机模板，用户通过在搜索框中输入相应的内容，然后单击"开始搜索"按钮，即可联机搜索出多种演示文稿模板；在搜索结果中选择任意一个模板并单击鼠标，在弹出的界面中单击"创建"按钮，即可根据该模板创建一个演示文稿，效果如图 1-3 所示。

图 1-3　根据模板创建的演示文稿

任务实践

(1) 启动 PowerPoint 2016，打开 PowerPoint 初始界面，如图 1-4 所示。

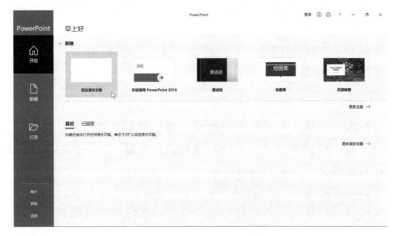

图 1-4　PowerPoint 初始界面

(2) 在初始界面中，选择"空白演示文稿"选项，即可创建 PowerPoint 空白演示文稿，如图 1-5 所示。

图 1-5 创建空白演示文稿

任务 2 新建幻灯片

新建幻灯片.mp4

知识储备

使用不同的模板会创建带有不同数量和类型的幻灯片演示文稿，空白演示文稿仅有一张幻灯片，如果需要，必须自行创建其他幻灯片。

新建幻灯片的方法有多种，例如，可以使用"开始"选项卡中的"新建幻灯片"按钮，也可以复制同一演示文稿或其他资源中的现有幻灯片。

1. 在"幻灯片"窗格中新建幻灯片

我们可以使用一种非常快捷的方法来新建幻灯片——基于默认版式，这是最简单的方法了。

(1) 在"普通"视图下，在"幻灯片"窗格中选择某张幻灯片。

(2) 按 Enter 键，即出现使用"标题和内容"版式的新幻灯片。

提示： 这种方法的缺陷在于无法指定版式。

2. 通过版式创建幻灯片

幻灯片版式是一种版式指南，它告诉 PowerPoint 在特定幻灯片上使用哪些占位符框并将其放在什么位置。幻灯片版式可包含文本占位符，也可包含图形、图表、表格和其他有用的元素。创建了带有占位符的新幻灯片后，可以单击一个占位符，打开插入该类对象所需的控件。

新幻灯片将使用"标题和内容"版式，包含一个幻灯片标题和一个较大的内容占位符框。如果希望使用另外一种版式，如带有两个相邻但彼此独立的文本框的幻灯片，那么必须在创建之后，将幻灯片切换到另一种版式(使用"开始"选项卡中的"版式"按钮)，或者在最初创建幻灯片时，指定另外一种版式。

通过版式创建幻灯片是要在创建幻灯片时指定某种版式。

(1) 在"普通"或"幻灯片浏览"视图中选择新幻灯片，可以单击幻灯片的缩略图来选择幻灯片，如图1-6所示。

(2) 在"开始"选项卡中，要使用默认的"标题和内容"版式添加新幻灯片，可单击"新建幻灯片"按钮，如图1-7所示。

图 1-6　视图选择及缩略图

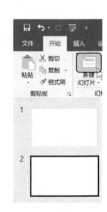

图 1-7　添加新幻灯片

(3) 要使用另外一种版式添加新幻灯片，可单击"新建幻灯片"右侧的下三角按钮，然后从列表中选择所需的版式。

提示：　菜单栏中显示的版式来自幻灯片母版。要自定义这些版式，可单击"视图"选项卡中的"幻灯片母版"按钮。

3. 通过快捷键创建幻灯片

为了方便用户的操作，在 PowerPoint 2016 中还可以通过 Ctrl+M 快捷键来创建幻灯片，这样，可以省去烦琐的步骤，简单快捷地创建一个幻灯片。

提示：　在 PowerPoint 中，演示文稿和幻灯片这两个概念还是有些差别的，利用 PowerPoint 做出来的东西叫演示文稿，它是一个文件。而演示文稿中的每一页叫幻灯片，各幻灯片既相互独立又相互联系，利用它，可以更生动直观地表达内容，图表和文字都能够清晰、快速地呈现出来，而且可以插入图画、动画、备注和讲义等丰富的内容。

任务实践

(1) 选择幻灯片，在"开始"选项卡的"幻灯片"组中单击"版式"按钮，在弹出的下拉列表中选择"空白"版式，如图1-8所示。

(2) 在"幻灯片"组中单击"新建幻灯片"右侧的下三角按钮，在弹出的下拉列表中选择"空白"版式，如图 1-9 所示。

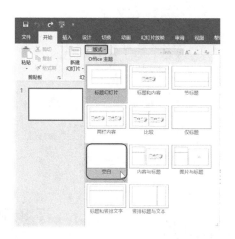

图 1-8   设置幻灯片的版式

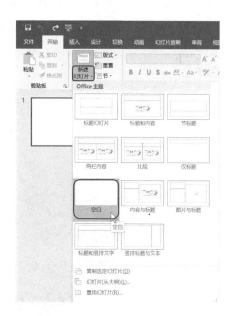

图 1-9   新建幻灯片并设置版式

任务 3   复制幻灯片

复制幻灯片.mp4

知识储备

新建幻灯片的另一种方法，是复制同一演示文稿中的现有幻灯片。如果使用多张幻灯片来创建连续的过程演示，这种方法非常有用，因为一张幻灯片往往依序与下一张幻灯片内容基本相同，只有一些小改动。

在 PowerPoint 中提供了多种复制幻灯片的方法，用户可以在"幻灯片"窗格中选择要复制的幻灯片，右击鼠标，在弹出的快捷菜单中选择"复制幻灯片"命令，或者选中要复制的幻灯片，在"开始"选项卡中单击"新建幻灯片"右侧的下三角按钮，在弹出的下拉列表中选择"复制选定幻灯片"选项。

提示：   要更快地进行复制，可以将"复制选定幻灯片"选项添加到快速访问工具栏中。方法是在菜单上右击该选项并选择"添加到快速访问工具栏"命令。

任务实践

(1) 单击"文件"选项卡，在下方选择"打开"命令，在右侧单击"浏览"按钮，在弹出的对话框中选择"工作计划.pptx"素材文件，单击"打开"按钮，即可打开素材文件，如图 1-10 所示。

(2) 选择素材中的三张幻灯片，按 Ctrl+C 快捷键，对幻灯片进行复制，切换至新建的演示文稿，按 Ctrl+V 快捷键，将其粘贴到新建的演示文稿中，单击下方的"粘贴选项"下三角按钮，在弹出的下拉菜单中，选择"保留源格式"命令，粘贴后的效果如图 1-11 所示。

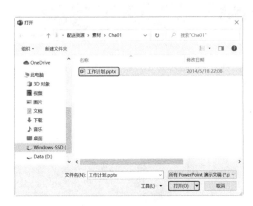

图 1-10 选择素材文件

图 1-11 完成粘贴

(3) 将空白的幻灯片删除。

任务 4 移动幻灯片

移动幻灯片.mp4

知识储备

当演示文稿中的每张幻灯片制作完成后，如果发现顺序不合适，可以对其顺序进行调整。例如，可以在"幻灯片"窗格中移动幻灯片，还可以通过"幻灯片浏览"视图来移动幻灯片。

1. 通过"幻灯片"窗格移动幻灯片

在"幻灯片"窗格中选定要移动的幻灯片，按住鼠标左键的同时，拖动幻灯片到目标位置，在合适的位置释放鼠标左键，即可将幻灯片移动到新的位置。

2. 在"幻灯片浏览"视图中移动幻灯片

切换到"幻灯片浏览"视图状态，即可实现对幻灯片顺序的自由调整。

打开需要调整的演示文稿，在状态栏中单击"幻灯片浏览"按钮 ，将视图切换到"幻灯片浏览"视图中，如图 1-12 所示。

图 1-12 "幻灯片浏览"视图

选择需要移动位置的幻灯片，按住鼠标左键将其拖动到合适的位置后释放鼠标，即可调整幻灯片的位置，如图 1-13 所示。

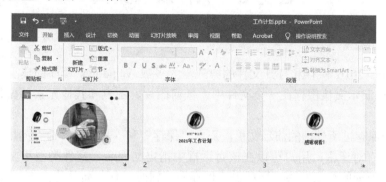

图 1-13 调整幻灯片的位置

任务实践

选择第二张幻灯片，按住鼠标左键向上拖动，如图 1-14 所示。

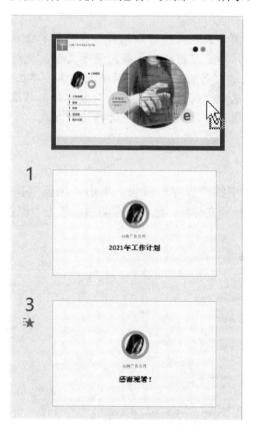

图 1-14 移动幻灯片

任务 5　保存演示文稿

保存演示文稿.mp4

知识储备

PowerPoint 2016 保存和打开文件的方式与大多数 Windows 程序的典型方式相同。整个 PowerPoint 演示文稿保存在一个文件中，任何图片、图表和其他元素都被整合到这个文件中。

如果尚未保存过所处理的演示文稿，那么"保存"和"另存为"命令的用途相同：都会打开"另存为"对话框，用户可以在该对话框中指定文件名、文件类型和文件位置。如果已经保存过所处理的演示文稿，则单击"保存"按钮时，任何新的修改都将直接被保存。

文件名最多可以有 255 个字符，然而，出于实用性考虑，应尽量使文件名简短。可以在文件名中包含空格和大多数符号，但<、>、?、*、/和\除外。若打算将文件发布到某个网络或 Internet 上，应避免使用空格；如有必要，可使用下划线来表示间隔。曾有报告表示在文件名中使用感叹号导致了某些问题，所以应格外注意。通常情况下，最好避免在文件名中使用标点符号。

提示： 如果打算将演示文稿文件传输到另一台计算机上放映，而那台计算机上没有相同的字体，那么应该将字体嵌入演示文稿，使所需字体可在其他 PC 上使用。可以通过"另存为"对话框嵌入字体，单击"工具"按钮，选择"保存"选项，选中"将字体嵌入文件"复选框。该选项将使保存的文件比正常情况下大，因此，应仅在必要时选择这种方式。

任务实践

单击快速访问工具栏中的"保存"按钮，单击"浏览"按钮，弹出"另存为"对话框，在其中选择合适的路径和文件名，选择保存类型，单击"保存"按钮，即可保存文件，如图 1-15 所示。

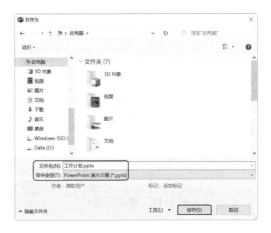

图 1-15　保存文件

上机实训　诗 词 鉴 赏

诗词鉴赏.mp4

1．实训背景

小王是一名高中生，根据语文老师要求，做一份诗词鉴赏课件。要求选取自己喜爱的古诗词进行鉴赏，并附带古诗词原文。

2．实训内容和要求

本实训主要制作一个诗词鉴赏课件，以便更好地学习和体会中国诗词文化。首先打开素材文件，并调整幻灯片的排放顺序，最后对场景文件进行保存。素材及效果如图 1-16 和图 1-17 所示。

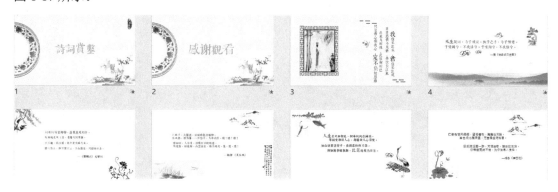

图 1-16　素材

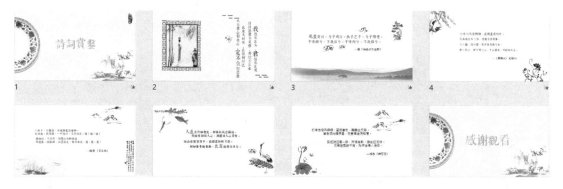

图 1-17　效果

3．实训步骤

(1) 启动 PowerPoint 2016，在工作界面中单击"打开其他演示文稿"选项，单击"浏览"按钮，在弹出的对话框中选择"诗词鉴赏"素材文件，单击"打开"按钮，即可打开素材文件。

(2) 选择第二张幻灯片，按住鼠标左键向下拖动，将其放置到最后。

(3) 单击"文件"按钮，选择"另存为"命令，单击"浏览"按钮，从中选择合适的路径和文件名，并设置保存类型，单击"保存"按钮，即可保存文件。

习　　题

1. PowerPoint 是什么软件？
2. 如何保存演示文稿？
3. 如何复制幻灯片？
4. 如何调整幻灯片的位置和移动幻灯片？

项目 2

公司会议课件——主题与文本的应用

【项目导入】

本项目将通过应用主题、添加文本以及设计文本等操作来制作公司会议课件。

首先打开素材文件，在"设计"选项卡的"主题"选项组中选择相应的主题，图 2-1 为应用主题后的效果。

选择相应的主题后，即可为选中的幻灯片应用该主题，用户可以在"变体"选项组中设置主题类型、颜色、字体、效果等。

提示： 主题为演示文稿提供了完整的幻灯片设计，包括背景设计、字形、颜色以及布局等。

设置课件的标题，其中包括字体、字体大小、颜色等，图 2-2 所示为设置文字后的效果。

提示： 在幻灯片中设置文字字体、大小及颜色时，一定要先选中要设置的文本，否则，任何调整都是无效的。

图 2-1　应用主题

图 2-2　文字字体、大小及颜色效果

文本在课件中具有很重要的地位，丰富的文字内容是美化课件的主要因素，在幻灯片中输入文字时，输入的文字默认为"宋体"，如果需要更改，可以在"开始"选项卡的"字体"选项组中设置文字的字体，设置字体大小和颜色的方法与此基本相同。

【项目分析】

文本是演示文稿中最基本的元素，演示文稿的主要功能，就是向观众传递信息，所以，直观明了的文字是演示文稿的重要组成部分。

【能力目标】

熟悉如何设置文字的字体、大小、颜色等属性。

【知识目标】

(1) 掌握如何在幻灯片中输入文本。
(2) 掌握如何打开演示文稿。
(3) 掌握文字颜色、字体的更改。

任务 1　制作公司会议课件的背景

制作公司会议
课件的背景.mp4

知识储备

PowerPoint 2016 提供了多种演示文稿外观设计功能，用户可以采用多种方式修饰和美化演示文稿，制作出精致的幻灯片，以更好地展示要表达的内容。

外观设计可采用的主要方式有：使用主题、使用模板、设置背景等，此外，还可以设计更能符合用户需要的幻灯片母版，从而使所有幻灯片具有一致的外观。

1. 使用内置主题

主题是 PowerPoint 应用程序提供的方便演示文稿设计的一种手段，是一种包含背景图形、字体及对象效果的组合，是对颜色、字体、效果和背景的设置。一个主题只能包含一种设置。主题作为一套独立的选择方案应用于演示文稿中，可以简化演示文稿的创建过程，使演示文稿具有统一的风格。

PowerPoint 提供了大量的内置主题，用户可直接在主题库中使用，也可以通过自定义方式修改主题的颜色、字体和背景，形成自定义的主题。

1) 应用主题

直接使用主题库中的主题有以下几种方法。

(1) 使用内置主题。

打开演示文稿，选择"设计"选项卡，在"主题"选项组内显示了部分主题列表，单击主题列表右下角的"其他"按钮，就可以显示全部内置主题，如图 2-3 所示。

图 2-3　全部内置主题

把鼠标移动到某个主题上，会显示该主题的名称。单击该主题，会按所选主题的颜色、字体和图形外观效果修饰演示文稿。图 2-4 所示为使用"丝状"主题设置的演示文稿。

(2) 使用外部主题。

如果可选的内置主题不能满足用户的需求，可选择外部主题。选择"设计"选项卡，在"主题"选项组主题列表的下面选择"浏览主题"命令，可使用外部主题，如图 2-5 所示。

若只设置部分幻灯片主题，可选择欲设置的主题，右击该主题，在出现的快捷菜单中选择"应用于选定幻灯片"命令，则所选幻灯片按该主题效果更新，其他幻灯片不变。若选择"应用于所有幻灯片"命令，则整个演示文稿幻灯片均设置为所选主题。

图 2-4 使用"丝状"主题设置的演示文稿

图 2-5 选择"浏览主题"命令

2) 自定义主题设计

对已应用主题的幻灯片，在"设计"选项卡的"变体"选项组内，单击"其他"→"颜色"按钮，在颜色列表框中选择一款内置颜色，如图 2-6 所示，幻灯片的标题文字颜色、背景填充颜色、文字的颜色也随之改变。

图 2-6 自定义主题颜色设置

在"设计"选项卡的"变体"选项组内，单击"其他"→"颜色"按钮，在下拉列表中选择"自定义颜色"命令，弹出"新建主题颜色"对话框，在"主题颜色"列表中单击某一选项的下三角按钮，打开颜色下拉列表，选择某个颜色将更改主题颜色，如图 2-7 所示，选择"其他颜色"命令，可打开"颜色"对话框进行颜色的自定义，如图 2-8 所示。

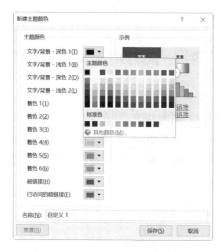

图 2-7　"新建主题颜色"对话框

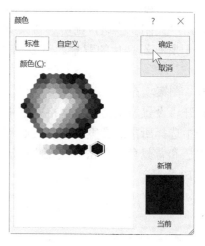

图 2-8　"颜色"对话框

2. 背景设置

背景样式设置功能可用于设置主题背景，也可用于无主题设置的幻灯片背景，用户可自行设计一种幻灯片背景，以满足演示文稿的个性化要求。背景设置利用"设置背景格式"对话框来完成，主要是对幻灯片背景的颜色、图案等进行调整，包括改变背景颜色、改变图案填充等方式，以下背景设置同样可用于主题的背景设置。

1)　背景颜色设置

背景颜色设置有"纯色填充"和"渐变填充"两种方式。"纯色填充"是选择单一颜色填充背景，而"渐变填充"是将两种或更多种填充颜色逐渐混合在一起，以某种渐变方式从一种颜色逐渐过渡到另一种颜色。

在演示文稿中，打开"设置背景格式"任务窗格，单击"填充"选项，可以看到提供了两种背景颜色填充方式："纯色填充"和"渐变填充"。

- 若选中"纯色填充"单选按钮，单击"颜色"右侧的下拉按钮，在下拉列表中可以选择背景填充颜色。拖动"透明度"滑块，可以改变颜色的透明度，直到满意为止；用户也可以单击"其他颜色"选项，从"颜色"对话框中选择或按 RGB 颜色模式自定义背景颜色。
- 若选中"渐变填充"单选按钮，可以选择预设颜色填充，也可以自己定义渐变颜色填充。
  - ◆ 预设颜色填充背景：单击"预设渐变"右侧的下拉按钮，在出现的预设渐变颜色列表中选择一种。
  - ◆ 自定义渐变颜色填充背景：在"类型"下拉列表中，选择渐变类型，如"线性"；在"方向"下拉列表中，选择渐变方向，如"线性向下"；在"渐光圈"下，出现与所需颜色个数相等的渐变光圈个数，也可单击"添加渐变光圈"或"删除渐变光圈"按钮增加或减少渐变光圈；每种颜色都有一个渐变光圈，单击某一个渐变光圈，在"颜色"下拉列表中，可以改变颜色，拖动渐变光圈位置也可以调节渐变颜色，如果需要，还可以调节颜色的"亮度"或"透明度"，如图 2-9 所示。

单击"关闭"按钮，则所选背景颜色应用于当前幻灯片；若单击"全部应用"按钮，则应用于所有幻灯片的背景。若单击"重置背景"按钮，则撤销本次设置，恢复先前的状态。

2) 图案填充

打开"设置背景格式"窗格，选中"填充"下的"图案填充"单选按钮，在出现的图案列表中选择所需的图案，如"实心菱形"。通过"前景"和"背景"栏可以自定义图案的前景色和背景色，单击"关闭"(或"全部应用")按钮，则所选图案成为幻灯片背景，如图 2-10 所示。

图 2-9　背景颜色填充设置　　　　图 2-10　图案填充

任务实践

(1) 启动 PowerPoint 2016，按 Ctrl+O 快捷键，在弹出的界面中单击"浏览"按钮，如图 2-11 所示。

(2) 在弹出的对话框中选择"公司会议.pptx"素材文件，单击"打开"按钮，将选中的素材文件打开，如图 2-12 所示。

(3) 选择"设计"选项卡，在"主题"选项组中单击"其他"按钮，在弹出的下拉列表中选择"环保"选项，如图 2-13 所示。

(4) 执行该操作后，即可为选中的幻灯片应用该主题，效果如图 2-14 所示。

图 2-11　单击"浏览"按钮

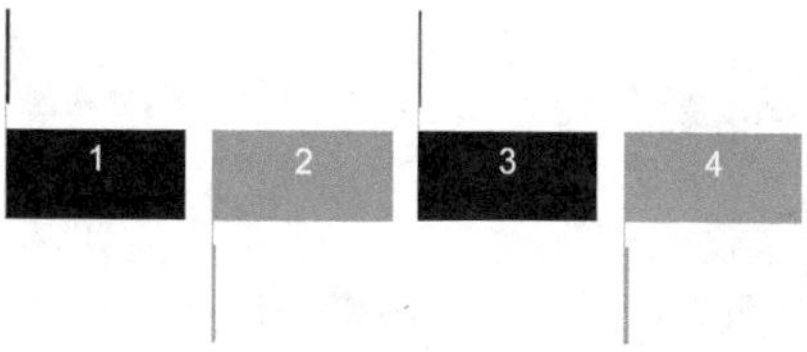

图 2-12　打开的素材文件

图 2-13　选择主题

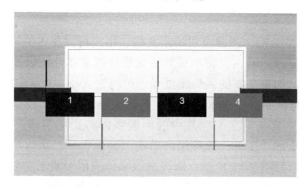

图 2-14　应用主题后的效果

（5）在"自定义"选项组中单击"设置背景格式"按钮，在弹出的"设置背景格式"任务窗格中选中"渐变填充"单选按钮，勾选"隐藏背景图形"复选框，单击"预设渐变"右侧的按钮，在弹出的下拉列表中选择"顶部聚光灯-个性色 4"选项，如图 2-15 所示。

（6）在"设置背景格式"任务窗格中将 100%位置处的 RGB 值设置为 145、150、155，如图 2-16 所示。

图 2-15　选择预设的渐变颜色

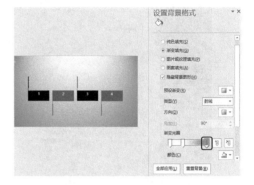

图 2-16　设置背景颜色后的效果

(7)　将矩形和线条的颜色分别设置为 165、165、165 和 0、0、0，如图 2-17 所示。

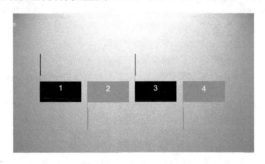

图 2-17　设置矩形和线条颜色后的效果

任务 2　制作课件标题

知识储备

制作课件标题.mp4

启动 PowerPoint 2016 后，新建空白演示文稿。用户可以在占位符中输入标题、副标题或正文文本。要在幻灯片上的占位符中添加正文或标题文本，可以在占位符中单击鼠标，然后输入或粘贴文本。如果文本的大小超过了占位符的大小，PowerPoint 会在输入文本时自动减小字体大小和行间距，使文本适应占位符的大小。

自定义主题字体主要是定义幻灯片中的标题字体和正文字体。对已应用主题的幻灯片，在"设计"选项卡的"变体"选项组内单击"其他"→"字体"按钮，在下拉列表中选择一种自带的字体，如图 2-18 所示，即可把该字体应用于演示文稿中。此时，标题和正文是同一种字体。

也可以对标题字体和正文字体分别进行设置，新建主题字体。在下拉列表中选择"自定义字体"命令，弹出"新建主题字体"对话框，如图 2-19 所示。在标题字体和正文字体中分别选择预设的字体，在"名称"文本框中输入字体方案的名称，单击"保存"按钮。演示文稿中的标题和正文字体将按新方案设置，同时，字体下拉列表中的"自定义"中出现新建主题字体名称，如"自定义 1"，可再次被使用，如图 2-20 所示。

图 2-18　自定义主题字体的设置

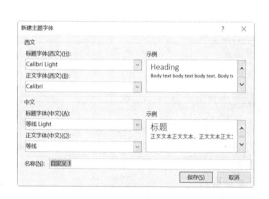

图 2-19　"新建主题字体"对话框

图 2-20　"自定义"栏中显示新建的字体方案

📑 **提示：** 　输入每张幻灯片的大标题时，如果一行不够用，不要使用 Enter 键，而要让 PowerPoint 自动换行。如果加入回车符，则 PowerPoint 会将其看成是另外一个大标题。同样，在输入副标题时，也不要使用 Enter 键，否则 PowerPoint 会将其看成是另外一个副标题。

任务实践

（1）切换至"插入"选项卡，在"文本"选项组中单击"文本框"→"横排文本框"按钮，如图 2-21 所示。

(2) 在幻灯片的适当位置输入"白树广告公司会议",然后选中输入的文字,用鼠标右键单击,在弹出的快捷菜单中选择"字体"命令,如图 2-22 所示。

图 2-21 单击"横排文本框"按钮　　　　　**图 2-22 选择"字体"命令**

(3) 在弹出的"字体"对话框中将"中文字体"设置为"微软雅黑",将"字体样式"设置为"常规"、"大小"设置为 26.55,然后设置"字体颜色"为"黑色,文字 1",如图 2-23 所示。

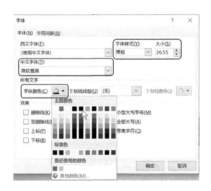

图 2-23 "字体"对话框

(4) 单击"确定"按钮,查看文字效果,如图 2-24 所示。

图 2-24 文字效果

任务3　设置主题内容

设置主题内容.mp4

知识储备

在幻灯片中输入文本后，还可以修改它。

1. 改变文本外观

输入文本或数字时，PowerPoint 自动使用"宋体"，并对其进行格式化，但是，这样看起来并不美观。我们可以通过改变以下文本属性，来改善文本外观，或者将其与其他文本区分开。

- 字体：例如 Arial、Courier、宋体、黑体、楷体、隶书和华文新魏等。
- 字形：例如常规、加粗、倾斜、下划线和加粗倾斜。
- 字号：例如 8、9、10(数值越大，字越大)。
- 颜色：例如红色、绿色、黑色和蓝色等。
- 对齐：例如居中、左对齐或右对齐文本。

改变文本格式主要使用"开始"选项卡中的"字体"选项组，单击"字体"选项组中的"字体"按钮，可弹出"字体"对话框，如图 2-25 所示。在选择文本时，可以显示或隐藏一个方便的、微型的、半透明的工具栏，称为浮动工具。浮动工具可以帮助用户使用字体、字号、对齐方式、文本颜色、降低列表级别和项目符号等功能。

2. 对齐和排列

对齐对象的方法有很多种。可以对齐对象的侧边、中间、顶端或底端，可以相对于整张幻灯片的位置对齐(例如幻灯片的顶端或左边缘)，可以借助辅助线来对齐对象，可以在绘制或移动对象时使用网格将对象与网格上的边角对齐，可以水平、垂直或相对于整张幻灯片等距排列(或分布)每个对象。

1) 对齐对象

对齐对象主要是通过"开始"选项卡的"绘图"选项组中的"排列"按钮来实现。单击"绘图"选项组中的"排列"按钮，在弹出的下拉列表中选择"对齐"选项，在其子菜单中再选择对象对齐的方式，如图 2-26 所示。

- 左对齐：按对象的左边缘对齐对象。
- 水平居中：按对象的中心水平对齐对象。
- 右对齐：按对象的右边缘对齐对象。
- 顶端对齐：按对象的顶端对齐对象。
- 垂直居中：按对象的中心垂直对齐对象。
- 底端对齐：按对象的底部对齐对象。
- 横向分布：按横向等距排列对象。
- 纵向分布：按纵向等距排列对象。

| 图 2-25　调整字体 | 图 2-26　对齐方式 |

2)　使段落对齐、居中或两端对齐

段落是指在末端带有回车符的文本,例如按 Enter 键,项目符号或编号列表中的每一项都是一个段落,标题或副标题也是一个段落。

(1)　在幻灯片上选择要对齐、居中或两端对齐的段落。

(2)　如果要选取单个段落,就单击该段落;如果要选取列表中的所有段落,可以拖曳选取所有文本,也可以通过单击占位符中的文本选择占位符,再单击其边框选取所有的文本。

(3)　如果要使段落对齐或居中,可分别单击"开始"选项卡的"段落"选项组中的"左对齐""居中""右对齐""两端对齐""分散对齐"按钮,如图 2-27 所示。

图 2-27　文本对齐方式

3)　使文本对齐

更改中文文本对齐方式的步骤如下。

(1)　选择要更改其对齐效果的文本。

(2)　单击"开始"选项卡的"段落"选项组中的"对齐文本"下拉按钮,在下拉列表中选择某种对齐方式,如"顶端对齐""中部对齐"或"底端对齐"等。

3. 设置文本格式效果

除了上面介绍的对齐文本的方法外,使用设置文本效果格式的对话框也可以设置文本的各种格式。

打开设置文本效果格式对话框的方法是:首先选择文本,然后单击"开始"选项卡的

"段落"选项组中的"段落"按钮 ⌐ ，弹出"段落"对话框，如图 2-28 所示。

图 2-28　"段落"对话框

在该对话框中有若干个可设置的参数，通过设置这些参数，可以使文本看起来更具感染力。

任务实践

(1) 使用"横排文本框"命令，在幻灯片的空白位置输入"记录"，如图 2-29 所示。

(2) 选中输入的文字，在"开始"选项卡的"字体"选项组中，将"字体"设置为"微软雅黑"，并将"字号"设置为 18，将"字体颜色"设置为白色，然后调整文字的位置，设置后的效果如图 2-30 所示。

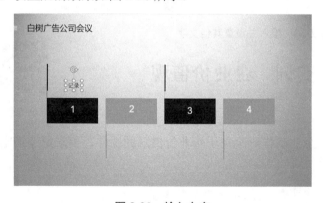

图 2-29　输入文字

图 2-30　设置文字

(3) 使用相同的方法，输入并设置其他文字，如图 2-31 所示。

(4) 继续使用"横排文本框"命令，在幻灯片的空白位置输入文字"记录内容"。选中输入的文字，在"开始"选项卡的"字体"选项组中，将"字体"设置为"等线"，将"字号"设置为 20，将"字体颜色"设置为"黑色，文字 1"，设置后的效果如图 2-32 所示。

(5) 调整文字的位置，然后使用相同的方法输入并设置其他文字，如图 2-33 所示。

提示：　用户在制作其他文字时，可以利用其他的文本框进行复制、修改格式及文字内容，这样可以大大提高工作效率。

图 2-31 输入并设置其他文字

图 2-32 输入并设置文字

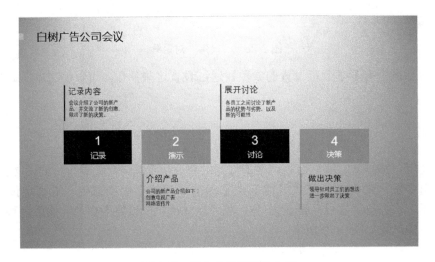

图 2-33 输入并设置其他文字

上机实训 企业价值观

企业价值观.mp4

1. 实训背景

为配合某家企业开业，要为该企业制作一个关于企业价值观的课件，要求思路清晰，层次分明。

2. 实训内容和要求

本实训将制作企业价值观演示文稿。首先打开素材文件，输入文字并设置文字样式，然后制作其他幻灯片，效果如图 2-34 所示。

3. 实训步骤

(1) 启动 PowerPoint 2016，打开素材文件"企业价值观.pptx"。

(2) 在第三张幻灯片的空白位置输入文字"成就客户"，然后选择输入的文字，将"字体"设置为"微软雅黑"，将"字号"设置为 48，然后单击"加粗"按钮 ᴮ 和"文字阴影"按钮 ˢ，将字体颜色设置为"白色，背景 1，深色 50%"，将文字调整至合适位置，如图 2-35 所示。

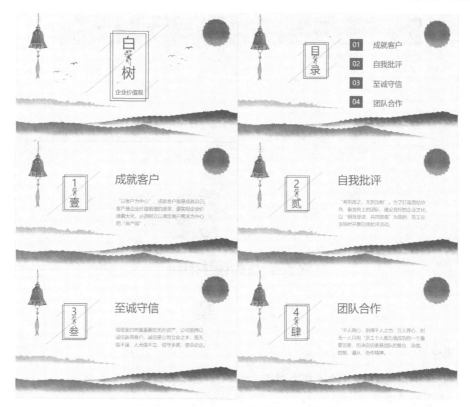

图 2-34　效果图

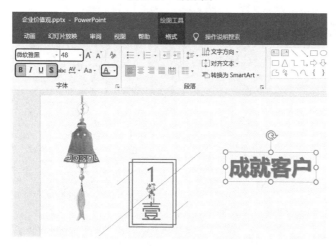

图 2-35　设置"成就客户"字体格式

（3）在"成就客户"文字下方，输入文本，将"字体"设置为"微软雅黑"，"字号"设置为 20，文字颜色设置为"白色，背景 1，深色 35%"，如图 2-36 所示。

（4）使用相同的方法制作其他幻灯片，切换到"幻灯片预览"中查看幻灯片的效果。

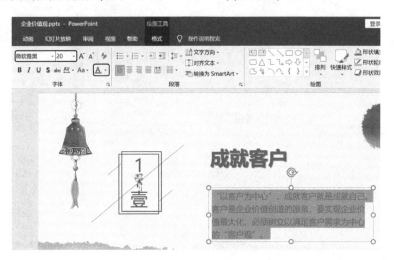

图 2-36　设置其他字体格式

习　　题

1. 填空题

(1)　直接使用主题库中的主题是使用_____主题和_____主题。

(2)　背景设置分为_____和_____两种方式。

2. 简答题

简述对齐方式的种类及含义。

项目 3

公司组织结构图——SmartArt
图形的应用

【项目导入】

组织结构是企业流程运转、部门设置及职能规划等最基本的结构依据。一个好的组织结构图，有利于对工作任务进行分工、分组和协调合作。

构建公司组织结构图时，需要考虑公司的人员结构，在"插入"选项卡中找到并单击 SmartArt 按钮，打开"选择 SmartArt 图形"对话框，如图 3-1 所示。

图 3-1 "选择 SmartArt 图形"对话框

在左侧栏中单击"层次结构"选项，选择相应的结构图，单击"确定"按钮，即可将其插入，效果如图 3-2 所示。

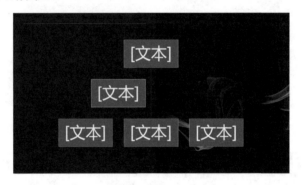

图 3-2 插入层次结构图

组织结构是表明组织各部分排列顺序、空间位置、聚散状态、联系方式以及各要素之间相互关系的一种模式，是整个管理系统的"框架"。组织结构是组织的全体成员为实现组织目标，在管理工作中进行分工协作，在职务范围、责任、权利方面所形成的结构体系。组织结构本质上是为实现组织战略目标而采取的一种分工协作体系，组织结构必须随着组织的重大战略调整而调整。

组织结构一般分为职能结构、层次结构、部门结构、职权结构 4 个方面。

- 职能结构：是指实现组织目标所需的各项业务工作以及比例和关系。其考虑维度包括职能交叉(重叠)、职能冗余、职能缺失、职能割裂(或衔接不足)、职能分散、职能分工过细、职能错位、职能弱化等方面。
- 层次结构：是指管理层次的构成及管理者所管理的人数(纵向结构)。其考虑维度包括管理人员分管职能的相似性、管理幅度、授权范围、决策复杂性、指导与控制的工作量、下属专业分工的相近性。

● 部门结构：是指各管理部门的构成(横向结构)。其考虑维度主要是一些关键部门是否缺失或优化。

● 职权结构：是指各层次、各部门在权力和责任方面的分工及相互关系。主要考虑部门、岗位之间的权责关系是否对等。

设置层次结构图时，要做的事情包括添加图形、更改图形颜色、添加文字等。

为了更好地区分上下级关系，用户可以根据需要，在 PowerPoint 中调整图形上下级的颜色、字体等，在更改图形颜色时，需要先选择相应的图形，然后在"SmartArt 工具"下的"设计"选项卡中更改选中图形的颜色。除此之外，用户还可以在该选项卡中更改 SmartArt 图形的布局、样式等，效果如图 3-3 所示。

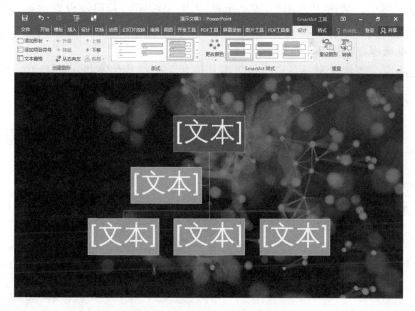

图 3-3　更改 SmartArt 图形的颜色

【项目分析】

对于一个大型的公司来说，一个好的组织结构图是必不可少的部分，使用 SmartArt 图形，能够快捷直观地表现层次结构、组织结构、并列关系以及循环关系等常见的关系结构，同时，还可以获得具有立体感的并且漂亮精美的图形。

【能力目标】

(1) 了解设置幻灯片背景的方法。

(2) 掌握插入和编辑组织结构图的方法。

【知识目标】

(1) 掌握 SmartArt 图形的设置。

(2) 掌握创建 SmartArt 文本的方法。

任务 1　导入图像文件作为背景

导入图像文件
作为背景.mp4

知识储备

　　背景是幻灯片的一个重要组成部分，通过改变幻灯片背景，可以使幻灯片整体面貌发生变化。我们可以在 PowerPoint 中轻松改变幻灯片背景的颜色、过渡、纹理、图案及背景图像等。以下背景设置知识同样可应用于主题的背景设置。

　　打开"设置背景格式"任务窗格，选中"填充"选项组中的"图片或纹理填充"单选按钮，单击"插入图片来自"选项卡下的"文件"按钮，在弹出的"插入图片"对话框中选择所需要的图片文件，如"意大利圣马可广场"，并单击"插入"按钮，在"设置背景格式"任务窗格中，单击"关闭"(或"全部应用")按钮。若已经设置主题，则所设置的背景可能会被主题背景图形覆盖，此时，可以在"设置背景格式"任务窗格中选中"隐藏背景图形"复选框，如图 3-4 所示。

　　应用完成后，"意大利圣马可广场"图片便成为幻灯片的背景，如图 3-5 所示。

图 3-4　"设置背景格式"任务窗格　　　　图 3-5　设置图片填充后的演示文稿

任务实践

　　(1)　按 Ctrl+N 快捷键新建空白演示文稿，在"开始"选项卡的"幻灯片"选项组中单击"版式"按钮，在弹出的下拉列表中选择"空白"选项，如图 3-6 所示。

　　(2)　切换至"设计"选项卡，在"自定义"选项组中单击"幻灯片大小"按钮，在弹出的下拉列表中选择"自定义幻灯片大小"选项，弹出"幻灯片大小"对话框，将"宽度"设置为 25.4 厘米，将"高度"设置为 16.9 厘米，单击"确定"按钮，如图 3-7 所示。

　　(3)　在弹出的提示对话框中单击"最大化"按钮，如图 3-8 所示。

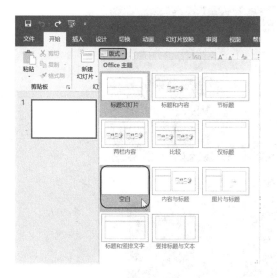

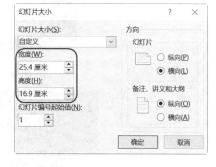

图 3-6　选择"空白"选项　　　　　　　**图 3-7　"幻灯片大小"对话框**

(4) 切换至"设计"选项卡，在"自定义"选项组中单击"设置背景格式"按钮，弹出"设置背景格式"任务窗格，在"填充"选项组中选中"图片或纹理填充"单选按钮，单击"插入图片来自"选项组下方的"文件"按钮，弹出"插入图片"对话框，在该对话框中选择素材图片"公司组织结构图背景.jpg"，单击"插入"按钮，如图 3-9 所示，即可将幻灯片背景设置为素材图片。

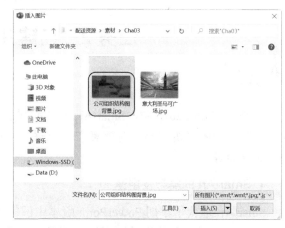

图 3-8　单击"最大化"按钮　　　　　　　**图 3-9　选择素材图片**

(5) 切换至"插入"选项卡，在"文本"选项组中单击"文本框"右侧的下三角按钮，在弹出的下拉列表中单击"绘制横排文本框"按钮，在幻灯片中绘制文本框并输入文字，然后选择文本框，在"开始"选项卡的"字体"选项组中，将"字体"设置为"华文新魏"，将"字号"设置为 44，将"字体颜色"设置为"橙色"，并单击"文字阴影"按钮，如图 3-10 所示。

(6) 在"字体"选项组中单击"字符间距"按钮，在弹出的下拉列表中选择"很松"选项，适当地调整文字的位置，如图 3-11 所示。

图 3-10　输入并设置文字

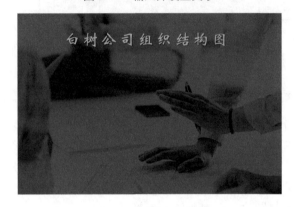

图 3-11　设置字符间距

任务 2　创建并设置图形

知识储备

创建并设置图形.mp4

在 PowerPoint 2016 中，SmartArt 能帮助观者以可视化方式了解对象或过程的相互依赖性，使观者在听演讲时不会对信息产生误解。一些可行的用途包括组织结构图、层次结构图和流程图等。

1. SmartArt 的类型及用途

SmartArt 取代了早期 PowerPoint 版本中旧的"图表"和"组织结构图"功能。

SmartArt 是一种特殊的矢量图形对象，用于组合形状、线条和文本占位符。SmartArt 经常用于阐释少量文本之间的关系。

无论创建哪种类型的图形，SmatrArt 界面总是类似的，可以直接在图形上的占位符中输入文本，也可以在图形旁边显示文本窗格，直接在此窗格中输入文本，用户可以选择一些文本并右击，并从弹出的快捷菜单中选择"转换为 SmartArt"命令。

在 PowerPoint 2016 中有 8 种类型的 SmartArt 图形，每种类型仅适合于一种类型的数据交互，下面对其进行详细介绍。

1）　列表图

列表图以非常直观、基于文本的方式展示信息。当信息不存在任何特定顺序时，或当项目之间的过程或级别不重要的时候，列表图非常有用。列表可以有多个级别，并且可以将各级别包含在一个形状中，如图 3-12 所示。

2)　流程图

流程图类似于图形列表，但它有一些方向箭头或其他连接符，这些箭头或其他连接符表示从一个项目到另一个项目的流，如图 3-13 所示。

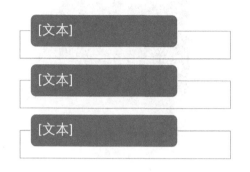

图 3-12　列表图　　　　　　　　　　　　图 3-13　流程图

3)　循环图

循环图也描述流程，但它是一个重复或递归的流程——通常是一个其中包含无固定起始点或结束点的流程。可以在任何时刻跳入循环，如图 3-14 所示。

4)　层次结构图

层次结构图是一种组织结构图，它以标准化的级别展示人员或事物之间的结构和关系。此布局包含辅助形状和组织结构图悬挂布局，如图 3-15 所示。

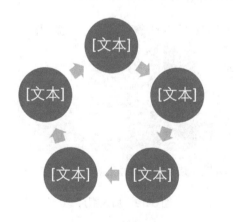

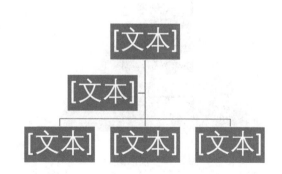

图 3-14　循环图　　　　　　　　　　　　图 3-15　层次结构图

5)　关系图

关系图以图形方式展示部分与整体间的关系。一种常见的关系图是基本维恩图，该图展示了不同类别的人员或事物的重叠关系。关系图也可以将事物分成不同的类别，或者展示部分与整体的关系，这与饼图类似，如图 3-16 所示。

6)　矩阵图

矩阵也展示了部分与整体之间的关系，但它利用的是有序的象限中的各个部分。不需要展示项目之间的任何特定关系时，可以使用矩阵图，但需要清楚地认识到它们组成了一个单元，如图 3-17 所示。

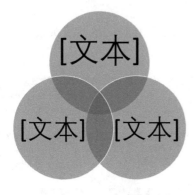

图 3-16　关系图

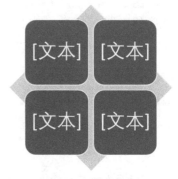

图 3-17　矩阵图

7)　棱锥图

棱锥图恰如其名，是一个有条纹的三角形，在各个层次上有文本，不仅表示项目之间的关系，而且也表示在三角形的较小部分上的项目比例较小或更加重要，如图 3-18 所示。

提示：　在图 3-18 中，标签并未恰好位于相关形状中。如果这是一个问题，可以通过换行(Shift+Enter 快捷键)和更改字体相结合的方法，使之适应形状。

8)　加入图片

在 SmartArt 图形中加入图片，配以相应的文字说明来展示构思，系统自带丰富的搭配方式，可以更好地应用于需要进行图片展示的场合，如图 3-19 所示。

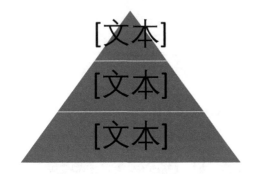

图 3-18　棱锥图

图 3-19　加入图片

2. 插入图形

一般情况下，SmartArt 图形可以使用幻灯片版式上的图形占位符，也可以手动插入图形。

要使用占位符，可新建一张幻灯片，其中包含具有图形占位符的版式，或将当前幻灯片的版式更改为具有图形占位符的版式，然后在占位符中单击"插入 SmartArt 图形"图标，如图 3-20 所示。要从头开始手动插入，可单击"插入"选项卡中的 SmartArt 按钮，如图 3-21 所示。

图 3-20 单击"插入 SmartArt 图形"图标

图 3-21 单击 SmartArt 按钮

新建图形的另一种方式是选中一些文本，然后右击选定的内容，并选择"转换为 SmartArt"命令，此时，在弹出的子菜单中选择"其他 SmartArt 图形"命令即可。

用户也可以切换至"插入"选项卡，在"插图"选项组中单击 SmartArt 按钮，即可打开"选择 SmartArt 图形"对话框。

无论如何开始，最后都会弹出"选择 SmartArt 图形"对话框，如图 3-22 所示，在 8 种类型的 SmartArt 图形中选择一种，单击所需的 SmartArt 对象，然后单击"确定"按钮，图形即会出现。

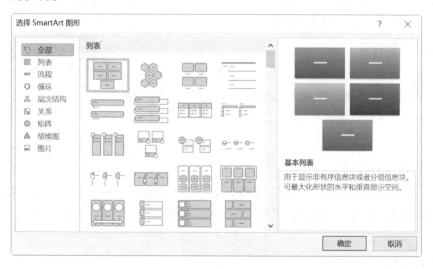

图 3-22 选择要插入的图形

提示： 有些图形会在多个类别中出现。要同时浏览所有的类别，可在图 3-22 中单击"全部"选项。

选定一个图形时，"SmartArt 工具"功能区的选项卡(包括"设计"和"格式")变为可用。在木章后面的内容中，将会介绍其中的每个按钮。根据图形的类型不同，这里的按钮也会有所不同。

3. 修改 SmartArt 结构

尽管图形类型各有不同，但在所有图形中添加、删除和重新定位形状的方法都出人意料地相似。

提示： 当添加一个形状时，不仅添加了图形元素(圆圈、线条或其他)，而且添加了相关的文本占位符。而删除一个形状时，也就从图形中删除了其相关文本占位符。

1) 插入形状

要在图形中插入形状，应执行以下操作。

(1) 单击希望新形状出现的位置旁边的形状。

(2) 在"SmartArt 工具"功能区的"设计"选项卡中，单击"添加形状"按钮。

单击"添加形状"按钮可以添加与选定的形状具有相同级别和类型的形状，而单击该按钮右侧的下三角按钮打开列表，从中可以选择其他变体，如图 3-23 所示。

图 3-23 为图形添加形状

2) 删除形状

要删除一个形状，可单击它，以便在图形中选定它。然后在键盘上按 Delete 键。可能需要在删除主要形状之前删除其下级形状。

提示： 并非所有类型的图形都可以接受不同数量的形状。例如，带有正方形的矩形图形固定为四个正方形。

4. 添加项目符号

除了可以为图形添加形状外，还可以添加项目符号——使文本处于形状的下级。单击"添加项目符号"按钮，如图 3-24 所示，这样，缩进的项目符号会出现在"文本"窗格的下面。

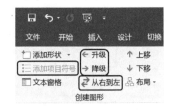

图 3-24 更改图形操作

5. 升级和降级文本

"文本"窗格与普通的"大纲"窗格完全相同：可以按 Shift+Tab 快捷键降级；也可以使用"SmartArt 工具"功能区的"设计"选项卡中的"升级"和"降级"按钮，如图 3-24 所示。

6. 更改流程方向

每个图形都按照某个方向流动。循环图形要么顺时针流动，要么逆时针流动。棱锥图形要么向上流动，要么向下流动。

如果在输入所有文本后，意识到应该使 SmartArt 图形以另一个方向流动，可以单击"设计"选项卡中的"从右到左"按钮。这是一个开关，可以自由地来回切换，如图 3-24 所示。

7. 重排序形状

重排序形状不仅可以使图形的所有流程改变方向，也可以随意移动单独的形状。例如，假设一个实例有 5 个步骤流程的图形，如果步骤 3 和步骤 4 顺序出错，就可以移动它们中的一个，而不必重新输入所有的标签。

⌐ 提示：　PowerPoint 图示有"前移形状"和"后移形状"按钮，可用于移动形状，但
　　　　　SmartArt 没有，需使用文本窗格中的编辑功能才可以实现。

8. 重定位形状

可以单独选定和拖动每个形状，以便在图形中重新定位，并且与其他形状之间的任何连接符根据需要自动调整大小。例如，在图 3-25 中，当圆圈之一移出时，注意连接循环图表中圆圈的箭头是如何伸长的。

9. 重设图形

在对 SmartArt 图表进行更改后，可以用"SmartArt 工具"功能区的"设计"选项卡中的"重置图形"按钮来将其返回到默认设置，如图 3-26 所示。这会取消一切自定义操作，包括任何 SmartArt 样式和手动定位，使之变回刚刚插入时的效果，只保留输入的文本。

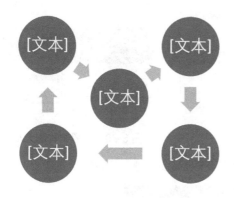

图 3-25　重定位形状

图 3-26　重置图形

10. 更改图形布局

布局就是图形样式。插入 SmartArt 图形时选择一种样式，此后还可以随时更改样式。

要更改布局样式，在"设计"选项卡中，单击"版式"选项组中的"其他"按钮，如图 3-27 所示。在弹出的下拉列表中选择所需的样式，如图 3-28 所示。

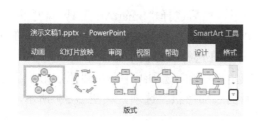

图 3-27　更改图形布局

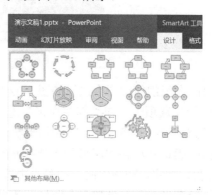

图 3-28　布局库

任务实践

(1) 选择"插入"选项卡,在"插图"选项组中单击 SmartArt 按钮,弹出"选择 SmartArt 图形"对话框,在左侧列表框中选择"层次结构"选项,然后在右侧列表框中选择"组织结构图"选项,单击"确定"按钮,如图 3-29 所示,即可插入选择的组织结构图。

(2) 选择"SmartArt 工具"功能区下的"格式"选项卡,在"大小"选项组中,将"高度"设置为 11 厘米,将"宽度"设置为 21 厘米,如图 3-30 所示。

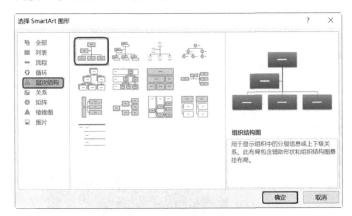

图 3-29　选择组织结构图

图 3-30　设置结构图大小

(3) 在组织结构图中选择如图 3-31 所示的图形,按 Delete 键将其删除。

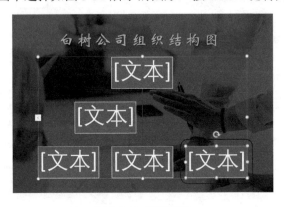

图 3-31　删除图形

(4) 在组织结构图中选择如图 3-32 所示的图形,然后选择"SmartArt 工具"功能区下的"设计"选项卡,在"创建图形"选项组中单击"添加形状"按钮右侧的·按钮,在弹出的下拉列表中选择"在下方添加形状"选项,即可在选择图形的下方添加一个图形。

(5) 确认新添加的图形处于选择状态,在"创建图形"选项组中单击"添加形状"按钮右侧的·按钮,在弹出的下拉列表中选择"在后面添加形状"选项,如图 3-33 所示,即可在选择图形的后面添加一个图形,效果如图 3-34 所示。

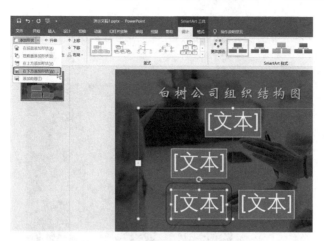

图 3-32 选择"在下方添加形状"选项

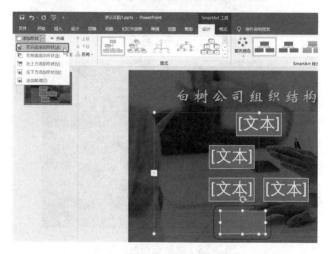

图 3-33 选择"在后面添加形状"选项

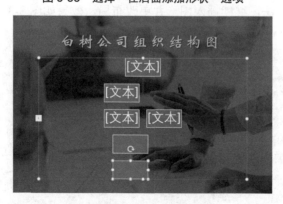

图 3-34 添加图形

(6) 选择如图 3-35 所示的图形对象，在"创建图形"选项组中单击"布局"按钮 品布局·，在弹出的下拉列表中选择"标准"选项。

(7) 更改布局后的效果如图 3-36 所示。

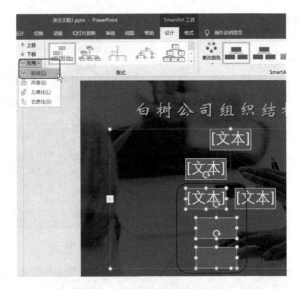

图 3-35 选择"标准"选项

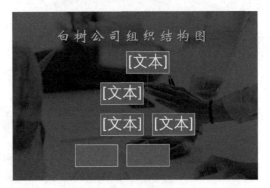

图 3-36 更改布局后的效果

(8) 使用同样的方法，继续插入图形并更改布局，效果如图 3-37 所示。

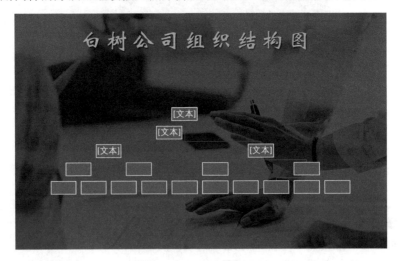

图 3-37 插入图形并更改布局

(9) 在组织结构图中选择如图 3-38 所示的图形，然后选择"SmartArt 工具"功能区下的"格式"选项卡，在"大小"选项组中将"高度"设置为 4 厘米，将"宽度"设置为 1 厘米。

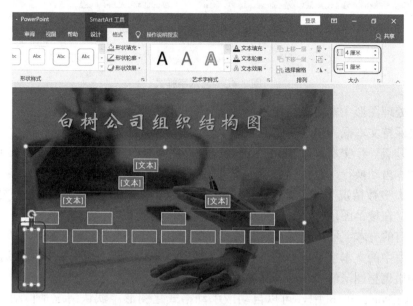

图 3-38　更改图形的大小

(10) 使用同样的方法，更改其他图形的大小，效果如图 3-39 所示。

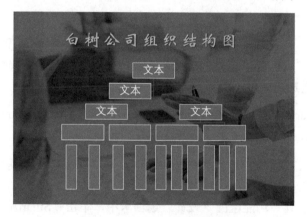

图 3-39　更改其他图形的大小

任务 3　添加文本并进行设置

知识储备

添加文本并进行设置.mp4

在 PowerPoint 2016 中，所有的 SmartArt 图形都有文本占位符，这些占位符其实就是文本框，只需在占位符中单击并输入文本即可，然后使用"开始"选项卡中的普通文本格式控件("字体""字号""加粗""倾斜"等)来更改文本的外观，或使用"格式"选项卡中的"艺术字样式"选项组来应用艺术字格式，如图 3-40 所示。

图 3-40　艺术字样式

下面是处理图形文本的一些技巧。

- 要保持文本框为空，只要不在其中输入内容即可。
- 要升级一行文本，按 Shift+Tab 快捷键；要降级，在文本窗格中按 Tab 键。
- 文本自动换行，但如有必要，也可以按 Shift+Enter 快捷键来插入一个换行符。
- 在大多数情况下，文本字号会缩小以适合其所在图形。但有一些例外情况，例如，在棱锥图顶部，文本可能溢出。
- 所有的文本字号都相同，如果在一个框中输入过长的文本串，那么，所有相关的文本框中的文本字号也会缩小。也可以手动格式化图形各部分，以更改这种现象。
- 如果调整图形的大小，其文本也会自动调整大小。

在 PowerPoint 2016 中，可以自动或手动格式化图形。默认情况是自动，所以许多 PowerPoint 用户甚至没有认识到可以手动设置格式。下面将讲解如何设置 SmartArt 图形样式。

1. 应用 SmartArt 样式

所谓"SmartArt 样式"，是可应用于整个 SmartArt 图形的预设格式规范(边框、填充、效果和阴影等)。它们可以轻松地应用表面纹理效果，使形状看起来具有反射性，或看起来具有三维深度或透视效果。

提示：　"SmartArt 样式"不包括颜色更改，这些是单独用"SmartArt 工具"功能区的"设计"选项卡中的"更改颜色"按钮控制的。

在应用 SmartArt 样式之前，需要先选定图形，则"SmartArt 工具"功能区的"设计"选项卡变为可用。

在"SmartArt 工具"功能区的"设计"选项卡中，单击"SmartArt 样式"选项组中的样本之一或者打开库，从较大的列表中进行选择，如图 3-41 所示。

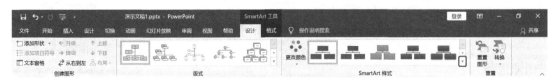

图 3-41　选择 SmartArt 样式

2. 更改 SmartArt 颜色

按上面介绍的内容应用 SmartArt 样式后，我们可能还希望更改图形中使用的颜色。

应用颜色最简单的方式是使用"设计"选项卡中的"更改颜色"按钮。可以从颜色方案库中进行选择，如图 3-42 所示，可以选择"彩色"方案(其中每种形状具有自己的颜色)，也可以基于任何当前的演示文稿主题颜色的色板选择一种单色方案。

3. 为各形状手动应用颜色和效果

除了可以用"SmartArt 样式"格式化整个图形之外，也可以使用"形状样式"为各种形状设置格式。

要为各形状手动应用颜色和效果，可以按以下步骤进行操作。

(1)　在 SmartArt 图形中选择一种形状。

(2)　在"SmartArt 工具"功能区的"格式"选项卡中，从"形状样式"库中选择一种形状样式，如图 3-43 所示。

(3)　使用"形状填充""形状轮廓"或/和"形状效果"按钮及其相关的菜单来微调样式(可选)。

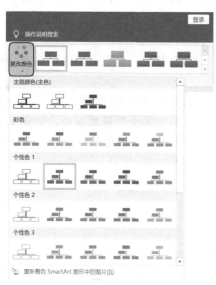

图 3-42　更改 SmartArt 颜色

图 3-43　选择形状样式

4. 更改 SmartArt 文本样式

在 SmartArt 图形中，使用"SmartArt 工具"的"格式"选项卡中的"艺术字样式"库和控件，将文本格式化应用于各种形状，或选择整个图形，一次性更改 SmartArt 图形中的文本样式。艺术字样式如图 3-44 所示。

5. 使形状更大或更小

在一些类型的图形中，使某些形状比其他一些形状更大或更小是有好处的。可以通过以下方法改变形状大小。

图 3-44　艺术字样式

● 可以拖动形状的控制点来手动调整形状的大小。但这样做不精确，如果希望放大多个形状，可能会产生问题，因为无法调整得恰好一致。

- 可以针对整个图形，使用"格式"选项卡中的"大小"选项组来设置精确的大小，如图 3-45 所示。但如果不同的形状已经具有不同的大小，而且想按比例调整它们的大小，则不起作用。
- 可以使用"格式"选项卡中的"增大"或"减小"按钮来略微增加或减小一个或多个形状的大小。只需通过几次单击即可完成。

图 3-45　改变形状的大小

6. 调整整个 SmartArt 图形对象的大小

当将整个 SmartArt 对象作为一个整体进行调整时，其框中的一切会按比例更改大小。通过以下几种方法，即可调整整个 SmartArt 图形对象的大小。

- 拖动 SmartArt 图形外框边角的控制点。
- 使用"SmartArt 工具"功能区的"格式"选项卡中的"大小"控件来输入精确的高度和宽度。
- 右击 SmartArt 的外框，从弹出的快捷菜单中选择"大小和位置"命令，即可弹出"设置形状格式"任务窗格，如图 3-46 所示；在"大小"选项组中，以厘米为单位输入高度和宽度，或者按"缩放高度""缩放宽度"框中的百分比进行缩放。如果想保持比例，可选中"锁定纵横比"复选框。

图 3-46　"设置形状格式"任务窗格

任务实践

(1) 选择组织结构图，并单击其左侧的 ◂ 图标，在弹出的文本框中输入内容，效果如图 3-47 所示。

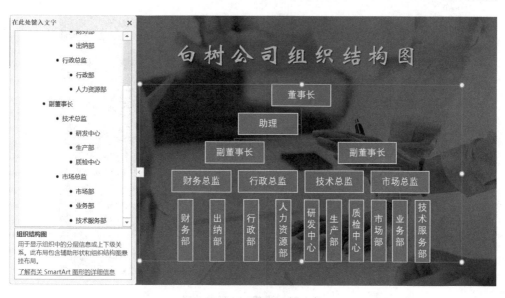

图 3-47   输入内容

(2)   在幻灯片中调整组织结构图的位置，然后选择"SmartArt 工具"功能区中的"设计"选项卡，在"SmartArt 样式"选项组中单击"更改颜色"按钮，在弹出的下拉列表中选择"彩色范围-个性色 5 至 6"选项，如图 3-48 所示。

(3)   在"SmartArt 样式"选项组中单击"其他"按钮▼，在弹出的下拉列表中选择"优雅"选项，如图 3-49 所示。

(4)   设置样式后的效果如图 3-50 所示。

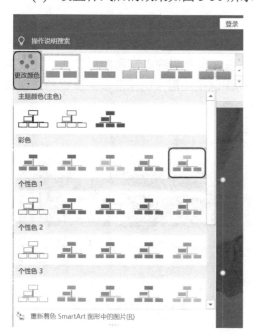

图 3-48   更改颜色

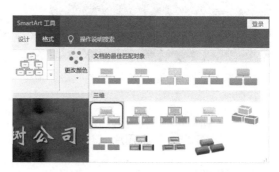

图 3-49   选择"优雅"选项

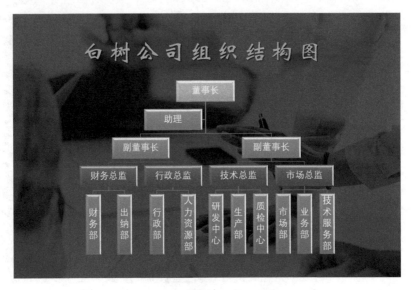

图 3-50　设置样式后的效果

上机实训　制作洗车流程图

制作洗车流程图.mp4

1. 实训背景

为配合洗车店开业，要为洗车店制作一个关于专业洗车流程图的课件，要求背景色彩亮丽，层次分明。

2. 实训内容和要求

随着生活水平的不断提高，购买汽车的人越来越多，因此，洗车服务便成为汽车美容店面招揽生意、固定客源的一种重要的手段。本实训就来介绍洗车流程图的制作，其中采用素材图片作为背景，首先设置标题，其次利用 SmartArt 图形来制作洗车的流程图，使其能够更好地展示素材。素材及效果如图 3-51 和图 3-52 所示。

图 3-51　素材图片

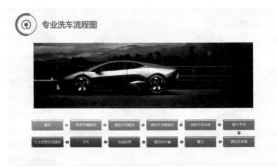

图 3-52　完成后的效果

3. 实训步骤

(1) 按 Ctrl+N 快捷键，新建空白演示文稿，选择"开始"选项卡，在"幻灯片"选项组中单击"版式"按钮 版式，在弹出的下拉列表中选择"空白"选项。

(2) 切换至"设计"选项卡，在"自定义"选项组中单击"设置背景格式"按钮，弹出"设置背景格式"任务窗格，在"填充"选项组中选中"图片或纹理填充"单选按钮，单击"插入图片来自"选项组下方的"文件"按钮。

(3) 弹出"插入图片"对话框，在该对话框中选择素材图片"洗车流程图背景.jpg"，单击"插入"按钮，即可将幻灯片背景设置为素材图片。

(4) 选择"插入"选项卡，在"绘图"选项组中单击"绘制横排文本框"按钮，在幻灯片中绘制文本框并输入文字，然后选择文本框，在"开始"选项卡的"字体"选项组中，将"字体"设置为 Open Sans，将"字号"设置为 28，并单击"文字阴影"按钮 s，将"字体颜色"的 RGB 值设置为 41，111，155，如图 3-53 所示。

(5) 切换至"绘图工具"→"格式"选项卡，单击"艺术字样式"选项组中的"文本效果"按钮，在弹出的下拉列表中单击"阴影"右侧的小三角按钮，在弹出的子列表中单击"右下斜偏移"按钮，如图 3-54 所示。

图 3-53　设置文字格式

图 3-54　设置阴影效果

(6) 选择"插入"选项卡，在"插图"选项组中单击 SmartArt 按钮，弹出"选择 SmartArt 图形"对话框，在左侧的列表框中选择"流程"选项，然后在右侧的列表框中选择"基本蛇形流程"选项，单击"确定"按钮，即可在幻灯片中插入选择的流程图，如图 3-55 所示。

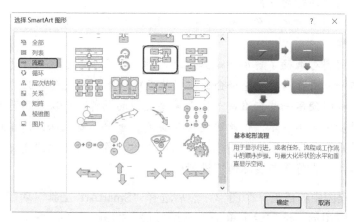

图 3-55　选择基本蛇形流程

(7) 选择"SmartArt 工具"功能区下的"格式"选项卡,在"大小"选项组中,将"高度"设置为 4 厘米,将"宽度"设置为 28 厘米,如图 3-56 所示。

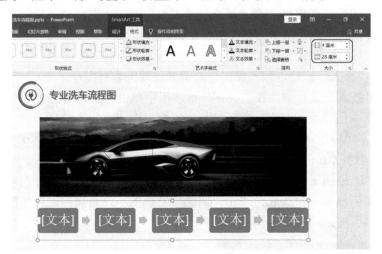

图 3-56　设置大小

提示:　以特定的图形符号加上说明表示算法的图,称为流程图或框图。使用图形表示算法的思路是一种极好的方法,因为千言万语不如一张图。

流程图是流经一个系统的信息流、观点流或部件流的图形代表。在企业中,流程图主要用来说明某一过程,这种过程既可以是生产线上的工艺流程,也可以是完成一项任务所必需的管理过程。例如,一张流程图能够成为解释某个零件的制造工序甚至组织决策制定程序的方式之一。这些过程的各个阶段均用图形块来表示,不同图形块之间以箭头相连,代表它们在系统内的流动方向。下一步何去何从,要取决于上一步的结果,典型的做法是用"是"或"否"的逻辑分支加以判断。

流程图是揭示和掌握封闭系统运动状况的有效方式。作为诊断工具,它能够辅助决策制定,让管理者清楚地知道问题可能出在什么地方,从而确定出可供选择的行动方案。

流程图有时也称作"输入-输出"图。该图直观地描述一个工作过程的具体步骤。

流程图对准确了解事情是如何进行的,以及决定应如何改进过程极有帮助。这一方法可以用于整个企业,以便直观地跟踪和图解企业的运作方式。

流程图使用一些标准符号代表某些类型的动作,如决策用菱形框表示,具体活动用方框表示。但比这些符号规定更重要的是,必须清楚地描述工作过程的顺序。流程图也可用于设计改进工作过程,具体做法是先画出事情应该怎么做,再将其与实际情况进行比较。

(8) 选择流程图中的最后一个图形,然后选择"SmartArt 工具"功能区下的"设计"选项卡,在"创建图形"选项组中单击"添加形状"按钮右侧的 按钮,在弹出的下拉列表中选择"在后面添加形状"选项,即可在选择图形的后面添加一个图形。

(9) 使用同样的方法，继续添加图形。

(10) 选择单个图形，然后选择"SmartArt 工具"功能区下的"格式"选项卡，在"大小"选项组中，将"高度"设置为 1.3 厘米，将"宽度"设置为 4 厘米，如图 3-57 所示。

图 3-57　设置大小

(11) 单击流程图左侧的 图标，在弹出的文本框中输入流程图内容。

(12) 确认流程图处于选择状态，在"开始"选项卡的"字体"选项组中，将"字体"设置为"微软雅黑"，将"字号"设置为 12。

(13) 选择"SmartArt 工具"功能区下的"设计"选项卡，在"SmartArt 样式"选项组中单击"更改颜色"按钮，在弹出的下拉列表中选择"彩色范围-个性色 3 至 4"选项，即可更改流程图的颜色。

(14) 在"SmartArt 样式"组中单击"其他"按钮 ，在弹出的下拉列表中选择"优雅"选项，最终效果如图 3-58 所示。

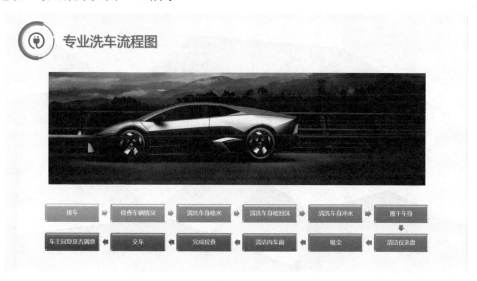

图 3-58　选择"优雅"选项后的效果

习　　题

1. 选择题

(1) (　　)是一个有条纹的三角形，在各个层次上有文本，不仅表示项目之间的关系，而且也表示在三角形的较小部分上的项目比例较小或更加重要。

A. 循环图　　　　B. 层次结构图　　　　C. 关系图　　　　D. 棱锥图

(2) ( )类似于图形列表，它有一些方向箭头或连接符，这些箭头或连接符表示从一个项目到另一个项目的流。

  A. 流程图   B. 层次结构图   C. 列表图   D. 矩阵图

2. 简答题

(1) 在 PowerPoint 2016 演示文稿中，怎样在 SmartArt 图形中添加文本并进行设置？

(2) 在 PowerPoint 2016 中，有哪几种类型的 SmartArt 图形？试说明一二。

项目 4

统计报告课件——图表的应用

【项目导入】

图表可以直观地展示统计信息属性(时间性、数量性等)，是对知识挖掘和信息直观生动感受起着关键作用的图形结构，是一种将对象属性数据直观、形象地可视化的手段，本项目将介绍统计报告的创建。

创建图表时，首先要确定图表的类型，根据不同的数据插入不同的图表。在"设计"选项卡的"插图"选项组中单击"图表"按钮，在弹出的对话框中选择要插入的图表，单击"确定"按钮，效果如图 4-1 所示。

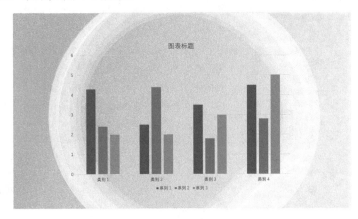

图 4-1　插入图表

调整图表，其中包括修饰图表的坐标轴、修饰图表的数据系列等，效果如图 4-2 所示。

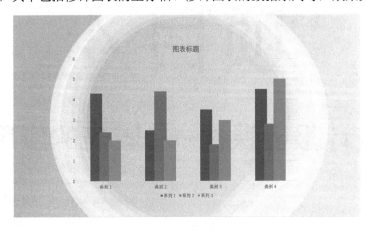

图 4-2　调整图表后的效果

图表分为表头和数据区两部分。图表设计有着自身的表达特性，尤其对时间、空间等概念的表达和一些抽象思维的表达，具有文字和言辞无法取代的传达效果。图表表达的特性归纳起来有以下几点：第一具有表达的准确性，对事物的内容、性质或数量等的表达应该准确无误；第二是信息表达的可读性，即图表应该通俗易懂，尤其是用于大众传达的图表；第三是图表设计的艺术性，图表是通过视觉的传递来完成的，必须考虑到人们的欣赏习惯和审美情趣，这也是区别于文字表达的艺术特性。

条形图、柱状图、折线图和饼图是图表中 4 种最常用的基本类型。按照 Microsoft 对图表类型的分类，图表类型还包括散点图、面积图、圆环图、雷达图、气泡图、股价图等。此外，可以通过图表间的相互叠加来形成复合图表类型。

不同类型的图表可能具有不同的构成要素，如折线图一般要有坐标轴，而饼图一般没有。归纳起来，图表的基本构成要素有标题、刻度、图例和主体等。

【项目分析】

图表就是以图形的方式显示表格中的数据，有时，一大堆数据不足以表现出数据的变化趋势，而图表却能够直观清晰地分析数据，使数据便于理解，还可以使幻灯片中的信息内容更具有说服力。

【能力目标】

(1)　学习插入三维簇状柱形图的方法。

(2)　掌握添加图表元素的方法。

【知识目标】

(1)　掌握插入图表的方法。

(2)　掌握应用图表的方法。

任务 1　添加背景图像

添加背景图像.mp4

知识储备

在幻灯片中使用图片，可以使演示文稿变得更加生动直观。

1. 插入图片

切换至"插入"选项卡，单击"图像"选项组中的"图片"按钮，弹出"插入图片"对话框，如图 4-3 所示。在对话框左侧选择存放目标图片文件的文件夹，在右侧选择满意的图片文件，然后单击"插入"按钮，即可把该图片插入当前幻灯片中。

2. 改变图片的表现形式

1)　调整图片的大小和位置

若插入的图片大小和位置不合适，可以选中该图片，用鼠标指针拖动控制点，来大致调节图片的大小和位置。

精确定义图片大小和位置的方法是：选择图片，在"图片工具/格式"选项卡的"大小"选项组中，单击右下角的"大小和位置"按钮，弹出"设置图片格式"任务窗格，如图 4-4 所示。单击"大小"选项，在"高度"和"宽度"微调框中输入图片的高和宽数值。单击"位置"项，输入图片左上角距幻灯片边缘的水平和垂直位置坐标，即可确定图片的精确位置。

2)　旋转图片

通过旋转图片，可以使图片按要求向不同的方向倾斜，可手动粗略旋转，也可指定角度精确旋转。

- 手动旋转图片的方法：选中要旋转的图片，图片四周出现控制点，拖动上方的绿色控制点，即可旋转图片，如图 4-5 所示。

- 精确旋转图片的方法：若要精确按度数旋转(例如将图片顺时针旋转 29°)，可以利用设置图片格式功能来实现。选中图片，在"图片工具/格式"选项卡的"排列"选项组中单击"旋转对象"按钮，在下拉列表中选择"向右旋转 90 度""向左旋转 90 度""垂直翻转""水平翻转"等。还可以选择下拉列表中的"其他旋转选项"，弹出"设置图片格式"任务窗格，在"旋转"微调框中输入要旋转的角度。正数表示顺时针旋转，负数表示逆时针旋转。

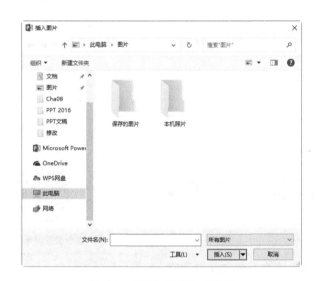

图 4-3　"插入图片"对话框

图 4-4　设置图片格式

图 4-5　手动旋转图片

3)　用图片样式美化图片

图片样式就是各种图片外观格式的集合，使用图片样式，可以快速美化图片，系统内置了 28 种图片样式供选择。选择幻灯片并选中要改变样式的图片，在"图片工具/格式"选项卡的"图片样式"选项组中显示了若干图片样式列表，如图 4-6 所示。

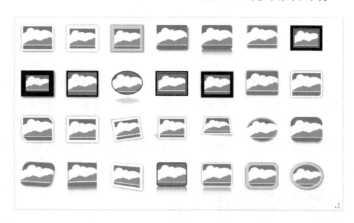

图 4-6　系统内置的 28 种图片样式

4)　增加图片特性效果

通过设置图片的阴影、映像、发光等特殊视觉效果，可以使图片更加美观、富有感染力。系统提供了 12 种预设效果，用户也可以自定义图片效果。

使用预设效果的方法：选择要设置效果的图片，单击"图片工具/格式"选项卡的"图片样式"选项组中的"图片效果"按钮，在出现的下拉列表中，将鼠标指针移至"预设"选项，显示 12 种预设效果，如图 4-7 所示。

自定义图片效果的方法：用户可对图片的阴影、映像、发光、柔化边缘、棱台、三维旋转 6 个方面进行适当设置，以获得满意的图片效果。选中要设置效果的图片，切换至"图片格式/格式"选项卡，单击"图片样式"选项组中的"图片效果"下拉按钮，在展开的下拉列表中，可选择"阴影""映像""发光""柔化边缘""棱台""三维旋转"等操作，实现自定义图片效果，如图 4-8 所示。

图 4-7　"预设"效果

图 4-8　自定义图片效果

任务实践

(1) 按 Ctrl+N 组合键新建空白演示文稿，选择"开始"选项卡，在"幻灯片"选项组中单击"版式"按钮，在弹出的下拉列表中选择"空白"选项，如图 4-9 所示。

(2) 在"插入"选项卡中单击"图片"按钮，弹出"插入图片"对话框，在该对话框中选择素材图片"收入统计表背景图.jpg"，单击"插入"按钮，如图 4-10 所示，适当调整图片的大小及位置。

图 4-9　选择"空白"选项

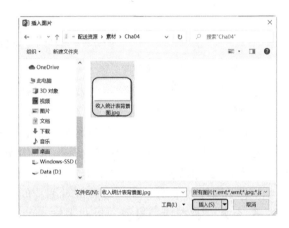

图 4-10　选择素材图片

(3) 选择"插入"选项卡，在"文本"选项组中单击"文本框→横排文本框"按钮，在幻灯片中绘制文本框并输入文字。选择文本框，在"开始"选项卡的"字体"选项组中将"字体"设置为"华文新魏"，将"字号"设置为 44，将"字体颜色"设置为"蓝色，个性色 1"，如图 4-11 所示。

(4) 选择"绘图工具"功能区下的"格式"选项卡，在"艺术字样式"选项组中单击"文字效果"按钮，在弹出的列表中选择"映像"→"紧密映像，接触"选项，如图 4-12 所示。

图 4-11　输入并设置文字

图 4-12　添加映像效果

任务 2　应 用 图 表

应用图表.mp4

知识储备

将系列数据以图表方式表达，可以使数据更加清晰易懂。用户可以通过图表直观了解数据之间的关系和变化趋势。下面将详细介绍建立数据图表的有关操作。

提示： 对于多数图表(如柱形图和条形图)，可以将工作表的行或列中排列的数据绘制在图表中。但是，某些图表类型(如饼图和气泡图)则需要特定的数据排列方式。

1. 创建图表

下面通过一个小例子，来说明建立图表的步骤。

(1) 选定用于创建图表的数据或单击要创建图表的数据列表中的任一单元格。

(2) 选择"插入"选项卡，在"插图"选项组中单击"图表"按钮，弹出如图 4-13 所示的"插入图表"对话框。在对话框中选择一种图表类型，即可在演示文稿中插入一张图表。

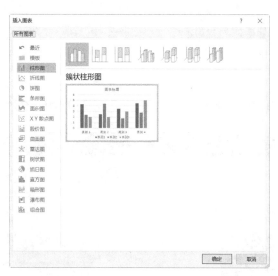

图 4-13　"插入图表"对话框

2. 图表类型

下面介绍各种图表类型在表现数据时的特点，并简要介绍自定义图表类型，使用户能够选择出最适合的图表类型。

● 柱形图：柱形图是默认的图表类型，用长条显示数据值。在柱形图中，一般把分类项在横轴(X 轴)上标出，把数据的大小在竖轴(Y 轴)上标出，这样可以强调数据随时间的变化。柱形图中包含 7 个子图表类型，"簇状柱形图"如图 4-14 所示。

- 折线图：折线图是将同一系列的数据在图中表示成点并用直线连接起来，适合于显示某段时间内数据的变化趋势。折线图包含 7 个子图表类型。"折线图"如图 4-15 所示。
- 饼图：饼图是把一个圆面划分为若干个扇形面，每个扇面代表一项数据值。饼图只适用于单个数据系列间各数据的比较，显示数据系列中每一数据值占该系列数值总和的比例。饼图中包含 5 个子图表类型。"饼图"如图 4-16 所示。
- 条形图：条形图类似于柱形图，主要强调各个数据项之间的差别情况。一般把分类项在竖轴(Y 轴)上标出，把数据的大小在横轴(X 轴)上标出。条形图中包含 6 个子图表类型。"簇状条形图"如图 4-17 所示。

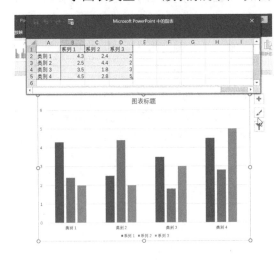

图 4-14　创建"柱形图"图表

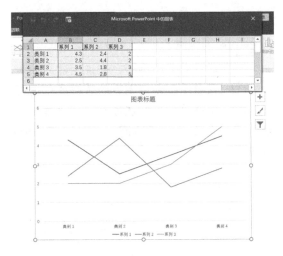

图 4-15　创建"折线图"图表

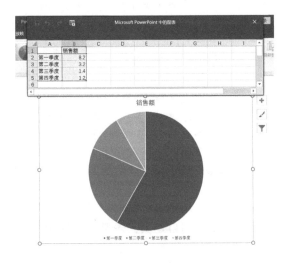

图 4-16　创建"饼图"图表

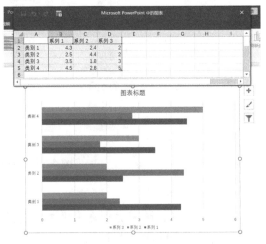

图 4-17　创建"簇状条形图"图表

- 面积图：面积图是将每一系列数据用直线段连接起来，并将每条线以下的区域用不同的颜色填充。面积图强调幅度随时间的变化，通过显示所绘数据的总和，说明部分和整体的关系。面积图中包含 6 个子图表类型。"面积图"如图 4-18 所示。

- XY 散点图：散点图用于比较几个数据系列中的数值，或者将两组数值显示为 XY 坐标系中的一个系列。它可按不等间距显示数据，有时称为簇。散点图中包含 7 个子图表类型。"散点图"如图 4-19 所示。

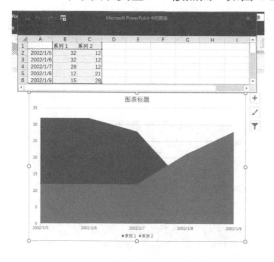

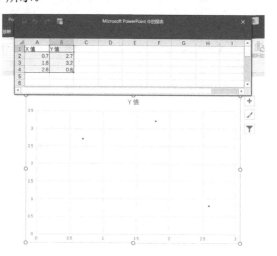

图 4-18　创建"面积图"图表　　　　图 4-19　创建"散点图"图表

- 股价图：股价图通常用来描绘股票的价格走势，也可用于处理其他数据，例如随温度变化的数据。股价图中包含 4 个子图表类型。"盘高—盘低—收盘图"如图 4-20 所示。

- 曲面图：曲面图类似于拓扑图形，曲面图中的颜色和图案用来指示出同一取值范围内的区域。曲面图中包含 4 个子图表类型。"三维曲面图"如图 4-21 所示。

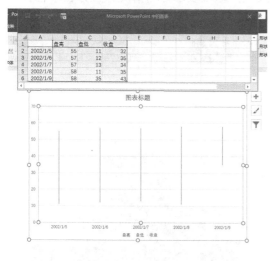

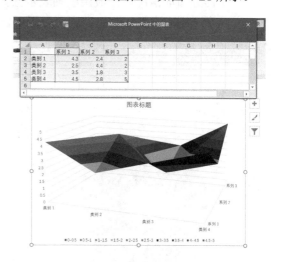

图 4-20　创建"盘高—盘低—收盘图"图表　　图 4-21　创建"三维曲面图"图表

- 雷达图：雷达图是由一个中心向四周辐射出多条数值坐标轴，每个分类都拥有自己的数值坐标轴，并由折线将同一系列中的值连接起来。"雷达图"如图 4-22 所示。

- 树状图：树状图是数据树的图形表示形式，以父子层次结构来组织对象，是枚举法的一种表达方式。树状图也是初中学生学习概率问题需要画的一种图形。树状图中包含一个子图表类型。"树状图"如图 4-23 所示。

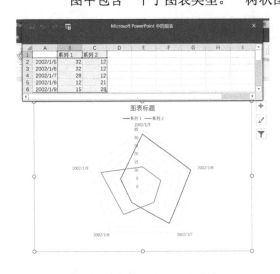

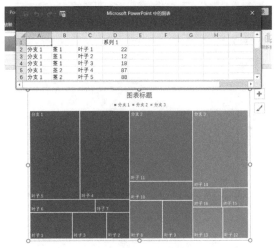

图 4-22　创建"雷达图"图表　　　　　　图 4-23　创建"树状图"图表

- 旭日图：旭日图通过一系列的圆环显示层次结构，再按不同类别节点进行切割。每个圆环代表层次结构中的一个级别，中心圆表示根节点，层次结构从这点往外推移。旭日图中包含一个子图表类型。"旭日图"如图 4-24 所示。
- 直方图：直方图是一种统计报告图，由一系列高度不等的纵向条纹或线段表示数据分布的情况。一般用横轴表示数据类型，纵轴表示分布情况。直方图中包含两个子图表类型。"直方图"如图 4-25 所示。

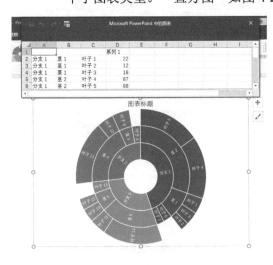

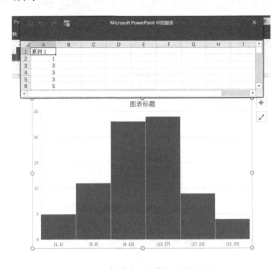

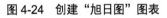

图 4-24　创建"旭日图"图表　　　　　　图 4-25　创建"直方图"图表

- 箱型图：箱型图是一种用于显示一组数据分散情况的统计图。因形状如箱子而得名。在各个领域也经常被使用，常见于品质管理。箱型图中包含一个子图表类型。"箱型图"如图 4-26 所示。

- 瀑布图：瀑布图采用绝对值与相对值结合的方式，适用于表达数个特定数值之间的数量变化关系。在企业经营分析、财务分析中使用较多，用以表示企业成本的构成、变化等情况。瀑布图中包含一个子图表类型。"瀑布图"如图 4-27 所示。

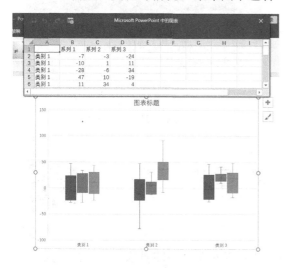

图 4-26　创建"箱型图"图表

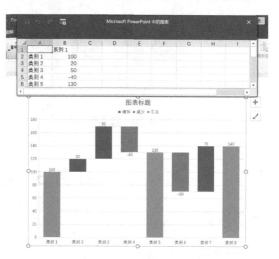

图 4-27　创建"瀑布图"图表

任务实践

(1) 选择"插入"选项卡，在"插图"选项组中单击"图表"按钮，如图 4-28 所示。

(2) 弹出"插入图表"对话框，在左侧的列表中选择"柱形图"选项，然后选择"三维簇状柱形图"选项，单击"确定"按钮，如图 4-29 所示。

图 4-28　单击"图表"按钮

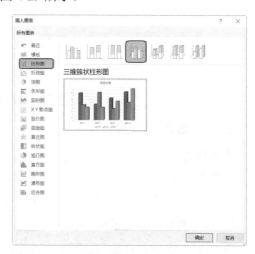

图 4-29　选择柱形图

(3) 在幻灯片中插入三维簇状柱形图，效果如图 4-30 所示。

(4) 在弹出的 Excel 窗口中输入内容，如图 4-31 所示。

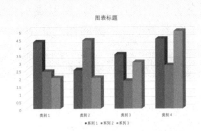

图 4-30 插入的柱形图

图 4-31 输入内容

任务3 编辑图表

知识储备

编辑图表.mp4

创建图表后，不仅可以对图表区进行编辑，还可以对图表中的对象进行修饰，其操作方法与前面介绍的修饰图表区的方法类似。

1. 修饰图表的标题

双击图表标题，弹出"设置图表标题格式"对话框，在对话框中进行相关设置即可。或者单击图表标题后，选中标题文字，此时，浮动工具栏以淡出形式出现，用鼠标指针指向它，然后在工具栏上进行字体、字号、字体颜色等的设置，如图 4-32 所示。另外，在"格式"选项卡中也可以设置形状样式、大小等。

图 4-32 使用浮动工具栏设置图表标题

2. 修饰图表的坐标轴

右击图表的坐标轴，如"垂直(轴)"，从弹出的快捷菜单中选择"设置坐标轴格式"命令，如图 4-33 所示，弹出"设置坐标轴格式"任务窗格，用户可根据需要进行设置，以修饰图表的坐标轴。设置完成后，单击"关闭"按钮即可，如图 4-34 所示。

3. 修饰图表的数据系列

右击图表的某个数据系列区域，从弹出的快捷菜单中选择"设置数据系列格式"命令，如图 4-35 所示，打开"设置数据系列格式"任务窗格，可根据需要进行设置，以修饰图表的数据系列。设置完成后，单击"关闭"按钮即可，如图 4-36 所示。

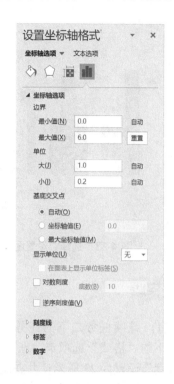

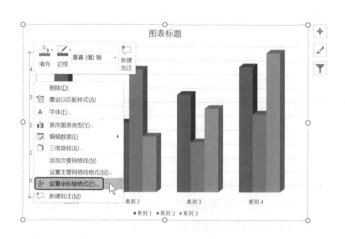

图 4-33　选择"设置坐标轴格式"命令

图 4-34　"设置坐标轴格式"任务窗格

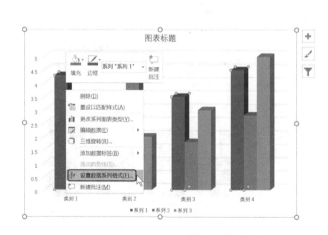

图 4-35　选择"设置数据系列格式"命令

图 4-36　"设置数据系列格式"任务窗格

4. 修饰图表的图例

　　右击图表的图例，从弹出的快捷菜单中选择"设置图例格式"命令，如图 4-37 所示，打开"设置图例格式"任务窗格。该窗格包含多种选项，用户可根据需要进行设置，以修饰图表的图例。设置完成后，单击"关闭"按钮即可，如图 4-38 所示。

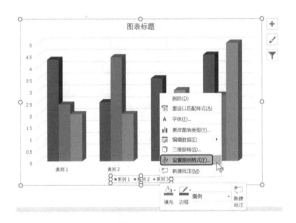

图 4-37　选择"设置图例格式"命令　　　图 4-38　　"设置图例格式"任务窗格

任务实践

(1)　继续任务二下的任务实践的操作确认插入的图表处于选择状态,选择"图表工具"下的"格式"选项卡,在"大小"选项组中将"形状高度"设置为 13 厘米,将"形状宽度"设置为 23 厘米,并在幻灯片中调整表格位置,如图 4-39 所示。

(2)　在"艺术字样式"选项组中单击"文本填充"按钮右侧的下拉按钮 ,在弹出的下拉列表中选择"蓝色,个性色 1"选项,如图 4-40 所示。

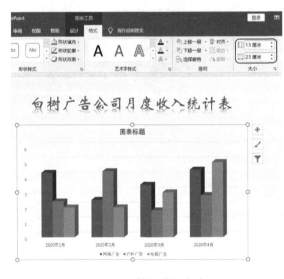

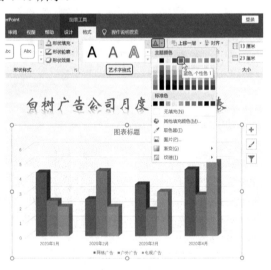

图 4-39　设置表格大小　　　　　　　图 4-40　设置文字颜色

(3)　删除"图表标题",然后选择"图表工具"下的"设计"选项卡,在"图表布局"选项组中单击"快速布局"按钮,在弹出的下拉列表中选择"布局 10"选项,如图 4-41所示。

(4)　在"图表布局"选项组中单击"添加图表元素"按钮,在弹出的下拉列表中选择"轴标题"→"主要纵坐标轴"选项,如图 4-42 所示。

图 4-41 选择布局样式

图 4-42 选择"主要纵坐标轴"选项

(5) 再次单击"添加图表元素"按钮,在弹出的下拉列表中选择"数据表"→"显示图例项标示"选项,如图 4-43 所示。

(6) 在图表中输入纵坐标轴标题为"收入金额(百万)",如图 4-44 所示。

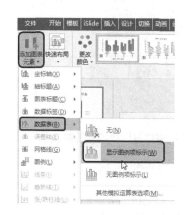

图 4-43 显示图例项标示

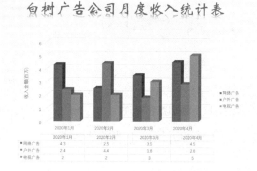

图 4-44 输入坐标轴标题

(7) 在图表中选择数据表,然后选择"图表工具"下的"格式"选项卡,在"艺术字样式"选项组中单击"文本轮廓"按钮右侧的·按钮,在弹出的下拉列表中选择"蓝色,个性色 1,淡色 40%",即可更改数据表颜色,效果如图 4-45 所示。

(8) 选择整个表格,然后选择"图表工具"下的"设计"选项卡,在"图表布局"选项组中单击"添加图表元素"按钮,在弹出的下拉列表中选择"数据标签"→"数据标注"选项,如图 4-46 所示。

(9) 在图表中选择"网络广告"数据标签,然后选择"图表工具"下的"格式"选项卡,在"艺术字样式"选项组中单击"文本填充"按钮右侧的·按钮,在弹出的下拉列表中选择"橙色,个性色 2,深色 25%",即可更改数据标签的颜色,效果如图 4-47 所示。

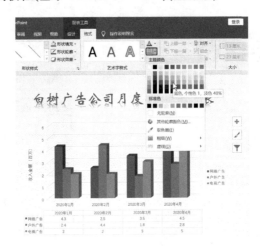

图 4-45　更改数据表的颜色

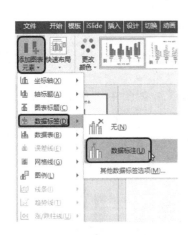

图 4-46　添加数据标注

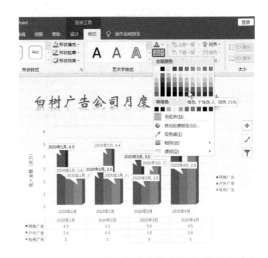

图 4-47　更改"网络广告"数据标签的颜色

(10) 使用同样的方法，更改其他数据标签的颜色，效果如图 4-48 所示。

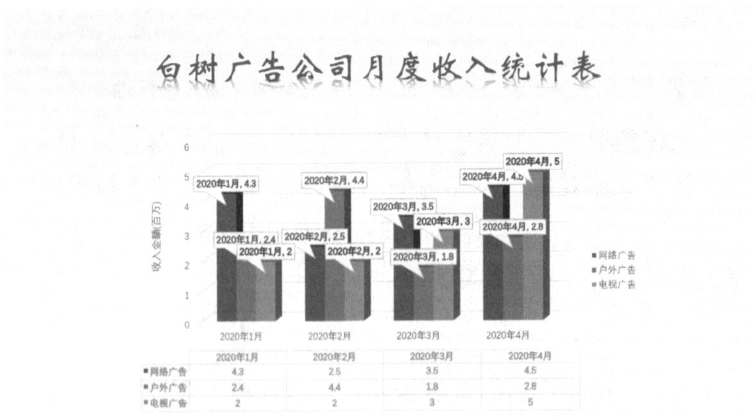

图 4-48　更改其他数据标签的颜色

上机实训　销售额占比分布图

销售额占比分布图.mp4

1．实训背景

小明是一家饮料公司的市场调研员，接到上司的任务，要求为公司制作一个饮料行业细分类目销售额占比分布图，从而了解市场上各类饮料的销售情况，以便公司据此调整旗下各产品的生产量。

2．实训内容和要求

本实训将介绍 2020 年中国饮料行业细分类目销售额占比分布图的制作。首先插入背景图片，然后插入饼图，并对折线图的颜色、标题和图表元素等进行设置，素材及效果如图 4-49 和图 4-50 所示。

图 4-49　素材图

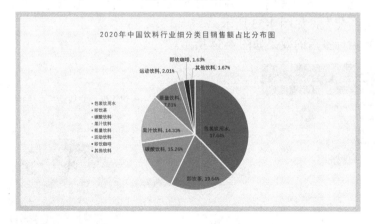

图 4-50　效果图

3．实训步骤

(1) 按 Ctrl+N 组合键新建空白演示文稿，选择"开始"选项卡，在"幻灯片"选项组中单击"版式"按钮，在弹出的下拉列表中选择"空白"选项。

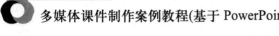

(2) 选择"设计"选项卡，在"自定义"选项组中单击"设置背景格式"按钮，在弹出的窗格中选中"图片或纹理填充"单选按钮，单击"插入图片来自"下的"文件"按钮，在弹出的对话框中选择"销售额占比分布图背景.jpg"图片，单击"插入"按钮。

(3) 选择"插入"选项卡，在"插图"选项组中单击"图表"按钮，弹出"插入图表"对话框，在左侧的列表中选择"饼图"选项，然后在右侧选择饼图选项，单击"确定"按钮，即可在幻灯片中插入饼图。

(4) 在弹出的 Excel 窗口中输入内容，如图 4-51 所示。

(5) 关闭 Excel 窗口，删除图表标题，同时在幻灯片中插入横排文本框，在文本框内输入标题，将"字体"设置为"黑体"，将"字号"设置为 20，将"字体颜色"的 RGB 值设置为 89、89、89，效果如图 4-52 所示。

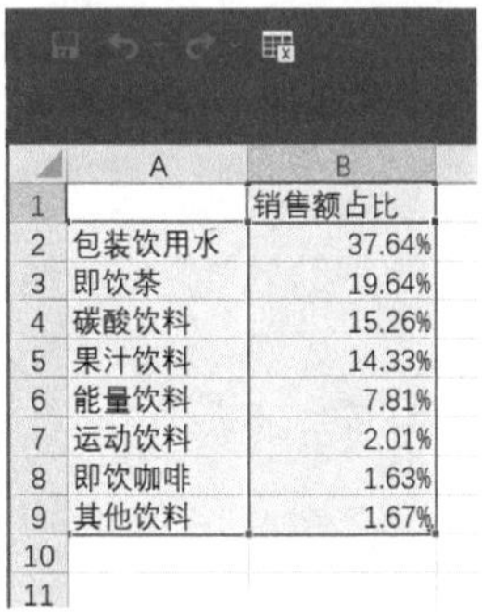

图 4-51　Excel 数据

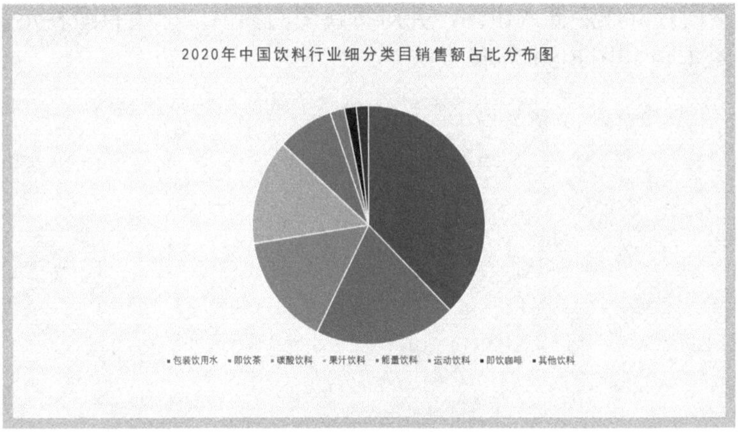

图 4-52　标题效果

(6) 选中图表，切换至"图表工具"下的"设计"选项卡，在"图表布局"选项组中单击"添加图表元素"下拉按钮，在弹出的下拉列表中选择"数据标签"，并在弹出的列表中单击"最佳匹配"，如图 4-53 所示。

(7) 添加数据标签后的效果如图 4-54 所示。

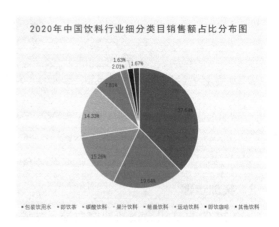

图 4-53　添加数据标签

图 4-54　数据标签效果

(8) 右击图表中的饼图，从弹出的快捷菜单中选择"设置数据标签格式"命令，如图 4-55 所示。

(9) 弹出"设置数据标签格式"任务窗格，勾选"类别名称"复选框，如图 4-56 所示。

图 4-55　设置数据标签格式

图 4-56　勾选"类别名称"复选框

(10) 右击图表的图例，从弹出的快捷菜单中选择"设置图例格式"命令，如图 4-57 所示。

(11) 弹出"设置图例格式"任务窗格，勾选"靠左"复选框，如图 4-58 所示。

图 4-57　选择"设置图例格式"命令

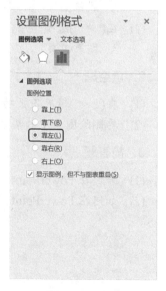

图 4-58　设置图例格式

(12) 执行上述操作后，即可完成设置，效果如图 4-59 所示。

(13) 分别选中数据标签文字和图例文字，在"开始"选项卡下的"字体"选项组中，对文字进行加粗处理，效果如图 4-60 所示。

图 4-59　设置完成后观察图例效果

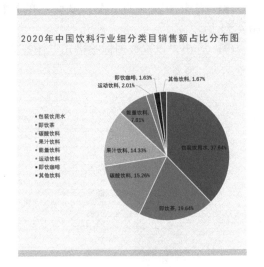

图 4-60　将数据标签文字和图例文字加粗

习　　题

1．选择题

(1)　(　　)图表是将同一系列的数据在图中表示成点并用直线连接起来。

　　A. 股价图　　　　B. 曲面图　　　　C. 雷达图　　　　D. 折线图

(2)　在(　　)选项卡中，可以对图表中的各种元素设置格式效果。

　　A. 图表工具　　B. 设置　　　　　C. 格式　　　　　D. 视图

2．填空题

(1)　在(　　　)情况下，功能区中会增加一个"图表工具"选项卡。

(2)　要删除图表中的某个数据，只需在(　　　)中选择要删除的数据，并按(　　　)键。

3．简答题

(1)　如何在 PowerPoint 2016 中插入来自文件的图片？

(2)　如何在 PowerPoint 2016 中应用并编辑图表？

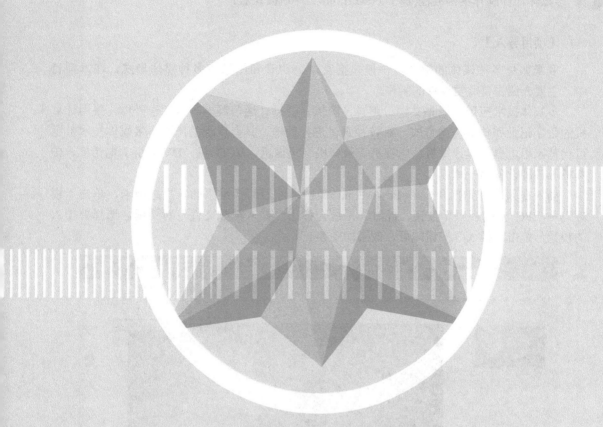

项目 5

歌曲欣赏课件——多媒体技术的应用

【项目导入】

多媒体是多种媒体的综合，一般包括文本、声音和图像等多种媒体形式，在本项目中，主要介绍古诗欣赏课件的制作。

多媒体技术应用领域集文字、声音、图像、视频、通信等多项技术于一体，采用计算机的数字记录和传输传送方式，对各种媒体进行处理，具有广泛的用途，多媒体技术甚至可代替家用电器，集计算机、电视机、录音机、录像机、VCD 机、DVD 机、电话机、传真机等各种设备为一体。

插入视频：首先打开一个 PowerPoint 文档，然后切换至"插入"选项卡，单击"视频"→"PC 上的视频"按钮，此时，系统会弹出"插入视频文件"对话框，选择要插入的视频，单击"插入"按钮即可，效果如图 5-1 所示。

图 5-1　插入视频

插入音频：插入音频的方法与插入视频的方法相似，首先打开一个 PowerPoint 文档，然后切换至"插入"选项卡，在"媒体"选项组中单击"音频"→"PC 上的音频"按钮，在弹出的"插入音频"对话框中选择要插入的音频，单击"插入"按钮，效果如图 5-2 所示。

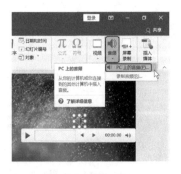

图 5-2　插入音频

【项目分析】

在幻灯片中不仅可以插入各种图形、图片，还可以添加多媒体效果，如插入剪辑库中的影片、插入外部文件的影片、插入声音。在本项目中，将对其进行简单的介绍。

【能力目标】

(1) 学习如何插入视频素材。

(2) 学习如何插入音频素材。

【知识目标】

(1) 设置视频的播放方式。

(2) 设置声音的播放方式。

任务 1　插入视频素材并设置

知识储备

插入视频素材
并设置.mp4

1. 插入视频

视频文件的扩展名包括 ".avi" ".mov" ".mpg" 和 ".mpeg"。典型的视频可能包含一个演讲者的发言，例如无法亲自参加会议的领导的讲话。可以使用视频开展培训或进行演示。

动态 GIF 文件包含动画，其文件扩展名为 ".gif"。尽管从技术上讲，动态 GIF 文件不是视频，但它包含多个图像，按顺序播放图像时即可产生动画效果，因此，也将其归类为视频剪辑。可以从 Microsoft 剪辑管理器或网络中向幻灯片添加视频和动态 GIF 文件，并可以使用多种方式进行播放。

视频文件始终都是链接到演示文稿，而不是嵌入演示文稿中。插入链接到视频文件时，PowerPoint 会创建一个指向视频文件当前位置的链接。如果之后将该视频文件移动到其他位置，那么在播放时，PowerPoint 会找不到要播放的文件。因此，最好在插入视频前，将视频复制到演示文稿所在的文件夹中。PowerPoint 创建一个指向视频文件的链接，只要视频文件位于演示文稿的文件夹中，PowerPoint 就能够找到该视频文件。

提示： 确保链接文件位于演示文稿所在文件夹中的另一种方法是使用"打包成CD"功能。此功能可以将所有的文件复制到演示文稿所在的位置"CD 或文件夹中"，并自动更新视频文件的所有链接。当演示文稿包含链接的文件时，如果打算在另一台计算机上进行演示或用电子邮件发送演示文稿，必须对链接的文件和演示文稿一同复制。

2. 设置视频的播放方式

视频插入完毕后，幻灯片中的视频自动保持为被选中状态，此时，影片四周有尺寸句柄，可以通过拖曳尺寸句柄来调节视频的大小。

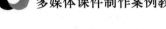

3. 设置视频的开始播放方式

除了可以在插入时设置声音的开始播放方式外，还可以在插入后进行调整。

首先在幻灯片上单击声音图标，将其选中，然后选择"动画"选项卡，在"计时"选项组中单击"开始"右侧的下三角按钮，在弹出的下拉列表中选择播放方式，如图 5-3 所示。

图 5-3　设置播放方式

提示： 若要在单击视频图标之后播放视频，应单击"高级动画"选项组中的"动画窗格"按钮，在弹出的窗格中选择要设置的对象，单击该对象右侧的下三角按钮，在弹出的下拉菜单中选择"效果选项"，如图 5-4 所示。再在打开的"暂停视频"对话框中选择"计时"选项卡，单击"触发器"按钮，然后选中"单击下列对象时启动动画效果"单选按钮，并在其右边的下拉列表框中选择背景视频，如图 5-5 所示。

图 5-4　选择"效果选项"

图 5-5　选择背景视频

4. 设置循环播放视频

如果已添加了音频，并希望修改其选项，可以选择"视频工具"下的"播放"选项卡，在"视频选项"选项组中勾选"循环播放，直到停止"复选框或"播放完毕返回开头"复选框，如图 5-6 所示。

图 5-6　勾选"循环播放，直到停止"复选框

任务实践

(1) 启动 PowerPoint 2016，新建一个空白演示文稿。将文本框删除，然后切换至"插入"选项卡，单击"媒体"选项组中的"视频"→"PC 上的视频"，如图 5-7 所示。

(2) 在弹出的"插入视频文件"对话框中，选择下载的"素材\Cha05\背景视频.mp4"视频文件，然后单击"插入"按钮。

(3) 调整视频素材的位置与大小，使其位于幻灯片的左上方，如图 5-8 所示。

图 5-7　单击"PC 上的视频"

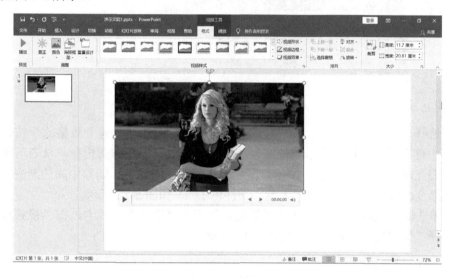

图 5-8　调整视频素材的位置和大小

(4) 使用"横排文本框"输入标题，将"字体"设置为 Bauhaus 93，"字号"设置为80，"字体颜色"设置为黑色，然后单击"左对齐"按钮，效果如图 5-9 所示。

(5) 继续使用"横排文本框"输入副标题，将"字体"设置为"等线(正文)"，"字号"设置为 18，"字体颜色"设置为黑色，单击"加粗"选项，效果如图 5-10 所示。

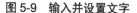

图 5-9　输入并设置文字

图 5-10　继续输入文字

(6) 继续使用"横排文本框"输入歌词，将"字体"设置为"等线(正文)"，"字号"设置为 16，"字体颜色"设置为"黑色，文字 1，淡色 25%"，单击"加粗"选项，效果如图 5-11 所示。

图 5-11　输入并设置文字

(7) 选择"设计"选项卡，在"自定义"选项组中单击"设置背景格式"按钮，在弹出的窗格中选中"渐变填充"单选按钮，类型选择"射线"，方向选择"从右下角"，将第一个渐变光圈的颜色设置为"金色，个性色 4，淡色 40%"，删除中间的渐变光圈，将最后一个渐变光圈的颜色设置为"蓝色，个性色 1"，如图 5-12 所示。

(8) 单击选中视频，然后选择"视频工具"下的"格式"选项卡，在"视频样式"选项组中选择"简单框架，白色"，如图 5-13 所示。

图 5-12　设置背景格式

图 5-13　设置视频样式

(9) 最终效果如图 5-14 所示。

图 5-14　效果

任务 2　插入音频素材并设置

知识储备

插入音频素材并设置.mp4

声音是传播信息的一种重要方式，在幻灯片中插入声音，可以丰富幻灯片的内容，增强感染力。例如，在演示幻灯片中加入优雅的背景音乐，可以使观众身心放松，能更加专心地观看演示的内容。

1. 在幻灯片中引入声音

插入声音主要使用"插入"选项卡"媒体"选项组中的"音频"按钮。

提示： 为了防止可能出现的链接问题，最好在添加演示文稿之前，将声音文件复制到演示文稿所在的文件夹中。

如果声音文件大于 100KB，默认情况下会自动将声音链接到文件，而不是嵌入文件。演示文稿链接到文件后，如果要在另一台计算机上播放此演示文稿，则必须在复制该演示文稿的同时，复制它所链接的文件。

2. 设置声音的播放方式

插入声音后，还可以根据需要对其播放方式进行设置。

1）　设置声音的开始播放方式

除了可以在插入时设置声音的开始播放方式外，还可以在插入后进行调整。

在幻灯片上单击声音图标，将其选中，然后单击"动画"选项卡中的"计时"选项组中的"开始"右侧的下三角按钮，在弹出的下拉列表中选择播放方式，如图 5-15 所示。

图 5-15　设置播放方式

> **提示：** 若要在单击声音图标之后播放声音，应单击"高级动画"选项组中的"动画窗格"按钮，在弹出的窗格中选择要设置的对象，单击该对象右侧的下三角按钮，在弹出来的下拉列表中选择"效果选项"，如图 5-16 所示。再在打开的"播放音频"对话框中选择"计时"选项卡，单击"触发器"按钮，然后选中"单击下列对象时启动动画效果"单选按钮，并在其右侧的下拉列表中选择"背景视频"选项，如图 5-17 所示。

图 5-16 选择"效果选项"

图 5-17 "播放音频"对话框

2) 设置循环播放声音

如果已添加了音频，而希望修改其选项，可以选择"音频工具"下的"播放"选项卡，在"音频选项"选项组中勾选"循环播放，直到停止"复选框或"播放完毕返回开头"复选框，如图 5-18 所示。

图 5-18 勾选"循环播放，直到停止"复选框

任务实践

(1) 首先切换至"插入"选项卡，单击"媒体"选项组中的"音频"→"PC 上的音频"按钮，如图 5-19 所示。

(2) 在弹出的"插入音频"对话框中，选择下载的"素材\Cha05\Taylor Swift - Love Story.mp3"音频文件，然后单击"插入"按钮。

(3) 将视频图标移动到如图 5-20 所示的位置。

(4) 选中视频素材，切换至"动画"选项卡，为其设置"播放"动画，将"开始"设置为"与上一动画同时"，如图 5-21 所示。

(5) 选中音频图标，将"开始"设置为"与上一动画同时"，在"动画窗格"中调整顺序，如图 5-22 所示。

图 5-19　单击"PC 上的音频"

图 5-20　移动音频图标位置

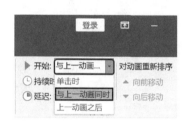

图 5-21　设置视频的"播放"动画

图 5-22　设置音频动画

提示：　在"高级动画"选项组中单击"动画窗格"，即可打开"动画窗格"任务窗格。

上机实训　制作布偶猫介绍演示文稿

制作布偶猫
介绍演示文稿.mp4

1. 实训背景

何美是一个宠物博主，想要为大家介绍关于布偶猫的知识，需要制作一个带有视频和音频的演示文稿，要求有突出主题、吸引观众的效果。

2. 实训内容和要求

本实训将介绍如何制作布偶猫介绍演示文稿。首先讲解如何插入视频和音频，然后对视频和音频进行设置，素材和效果分别如图 5-23 和图 5-24 所示。

图 5-23　素材图

图 5-24　效果图

3．实训步骤

(1) 启动 PowerPoint 2016 后，在打开的界面中单击"空白演示文稿"按钮。

(2) 在新建的幻灯片中，将标题和副标题的文本框删除。

(3) 选择"设计"选项卡，在"自定义"选项组中单击"设置背景格式"按钮，在弹出的窗格中选中"图片或纹理填充"单选按钮，单击"插入图片来自"下的"文件"按钮，在弹出的对话框中选择"布偶猫背景.jpg"图片，单击"插入"按钮，如图 5-25 所示。

(4) 切换至"插入"选项卡，单击"媒体"选项组中的"视频"按钮，在弹出的下拉列表中单击"PC 上的视频"按钮，弹出"插入视频文件"对话框，选中"布偶猫.mp4"素材文件，单击"插入"按钮。

(5) 单击选中视频，然后选择"视频工具"下的"格式"选项卡，在"视频样式"选项组中选择"柔化边缘椭圆"，如图 5-26 所示。

(6) 切换至"插入"选项卡，单击"媒体"选项组中的"音频"按钮，在弹出的下拉列表中单击"PC 上的音频"按钮，弹出"插入音频"对话框，选中"布偶猫.mp3"素材文件，单击"插入"按钮，将其放置到合适的位置。

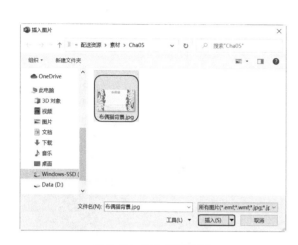

图 5-25　插入背景图片

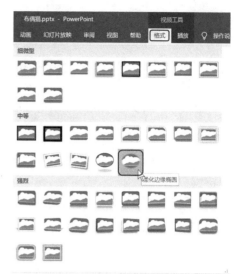

图 5-26　设置视频样式

(7)　选择插入的视频，切换至"动画"选项卡，将"计时"选项组中的"开始"设置为"与上一动画同时"。

(8)　切换至"视频工具"→"播放"选项卡，在"视频选项"选项组中单击"开始"右侧的下三角按钮，在弹出的下拉列表中选择"自动"选项，如图 5-27 所示。

(9)　选择插入的音频，切换至"动画"选项卡，将"计时"选项组中的"开始"设置为"与上一动画同时"。

图 5-27　自动播放视频

习　　题

1. 选择题

(1)　插入声音主要使用"插入"选项卡的"媒体"选项组中的(　　)按钮。

　　A. 图片　　　　　　B. 视频　　　　　　C. 音频　　　　D. 艺术字

(2)　按键盘上的(　　)键可以将选中的视频或音频删除。

　　A. Ctrl+D　　　　　B. Ctrl+W　　　　　C. Delete　　　D. Shift+A

2. 简答题

(1)　如何设置影片和声音的播放方式？

(2)　如何插入视频素材和音频素材？

项目 6

投资理财方式——动画的应用

【项目导入】

所谓动画,就是可以使一个对象以动态形式显示,在幻灯片中,用户也可以根据需要为其中的对象添加动画效果。本项目将介绍时间管理方案的制作。

1) 为对象添加动画效果

在添加动画的过程中,可以为一个对象添加多个动画效果,如果为同一个对象添加多个动画效果,则在"动画"选项组中将显示多个。如图 6-1 所示为同一个对象添加了多个动画的效果。

图 6-1　添加多个动画效果

2) 设置添加的动画效果

在幻灯片中如果要为某个添加多个动画的对象设置动画效果的话,需要选择相应的动画编号,然后进行相应的设置即可,如图 6-2 所示。

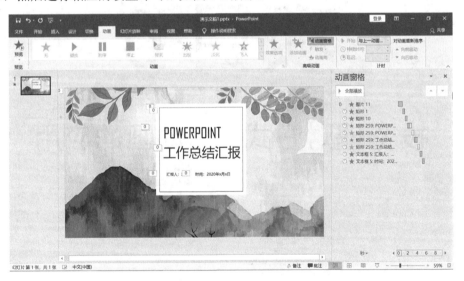

图 6-2　设置动画后的效果

【项目分析】

随着多媒体技术的不断发展,单一的文字和图表已经无法满足人们的视觉需求。此时,如果为幻灯片添加多种视觉效果,将会使演示文稿更具有感染力,也会给观众留下深刻的印象。本项目将介绍动画效果的应用。

【能力目标】

(1)　掌握动画的设置。

(2)　掌握如何设置自动切换时间。

【知识目标】

(1)　掌握如何为文字添加动画。

(2)　掌握为一个对象添加多个动画的方法。

任务 1　输入文字并为文字添加动画

输入文字并为
文字添加动画.mp4

知识储备

　　在 PowerPoint 2016 中，用户可以为制作好的演示文稿添加动画效果，使其放映时更加富有感染力和生动性。

　　用户能为幻灯片中的对象设置进入、强调、退出和路径等动画效果。因为设置进入、强调和退出三种动画效果的方法基本相同，所以，这里只介绍如何为幻灯片的对象添加进入动画效果。

　　在普通视图中，选择幻灯片中要设置动画效果的对象。切换至"动画"选项卡，在"高级动画"选项组中单击"添加动画"动画，出现四种基本动画模式，如图 6-3 和图 6-4 所示。在其中选择一种动画效果，然后单击"确定"按钮，即可将该动画效果应用于幻灯片中所选的对象。这时，在幻灯片窗格中的幻灯片对象上出现了动画效果的标记，例如 ⓪、① 等。如果要更改动画效果的开始方式，可以单击"计时"选项组的"开始"下拉列表框右侧的下三角按钮 ▾，从打开的下拉列表中选择一种方式。

图 6-3　进入和强调动画

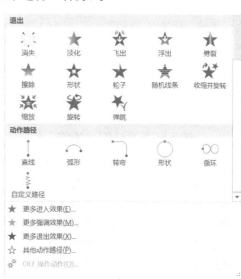

图 6-4　退出和动作路径动画

● 单击时：选择此选项，则当幻灯片放映到动画效果序列中的该效果时，单击鼠标才开始动画显示幻灯片中的对象，否则将一直停在此位置，以等待用户单击鼠标来激活。

- 与上一动画同时：选择此选项，则该动画效果与前一个动画效果同时发生，这时，其序号将与前一个用单击来激活的动画效果的序号相同。
- 上一动画之后：选择此选项，则该动画效果在前一个动画效果播放完时发生，这时，其序列号将与前一个用单击来激活的动画效果的序号相同。

设置完后，可以在"动画"选项卡中单击"预览"选项组中的"预览"按钮 ★ 来预览动画效果。

任务实践

(1) 新建一个空白演示文稿，选择"开始"选项卡，在"幻灯片"选项组中单击"版式"按钮 版式·，在弹出的下拉列表中选择"空白"选项，如图 6-5 所示。

(2) 选择"设计"选项卡，在"自定义"选项组中单击"设置背景格式"按钮，在弹出的窗格中选中"纯色填充"单选按钮，在"颜色"下拉列表中选择"蓝-灰，文字 2，淡色 80%"，并单击"全部应用"按钮，如图 6-6 所示。

图 6-5　设置幻灯片的版式

图 6-6　设置纯色填充背景

(3) 选择"插入"选项卡，单击"图像"选项组中的"图片"按钮，如图 6-7 所示，弹出"插入图片"对话框，选择"背景.jpg"素材文件，单击"插入"按钮。

(4) 重复上述操作，插入"圆形.png"素材文件，置于幻灯片中央，如图 6-8 所示。

(5) 选择"插入"选项卡，在"插图"选项组中单击"形状"按钮，在弹出的下拉列表中选择"椭圆"形状，如图 6-9 所示。

(6) 按住 Shift 键绘制一个正圆，置于"圆形.png"素材文件中央，如图 6-10 所示。

(7) 选中该圆形，选择"绘图工具"下的"格式"选项卡，在"形状样式"选项组的"形状填充"中选择填充颜色为"蓝-灰，文字 2，淡色 40%"，如图 6-11 所示。单击"形状轮廓"按钮，在弹出的下拉列表中选择"无轮廓"选项。

图 6-7 插入"背景.jpg"

图 6-8 插入"圆形.png"

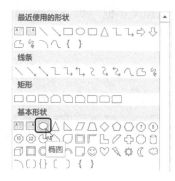

图 6-9 插入椭圆形状

图 6-10 绘制正圆

(8) 绘制一个矩形，将"形状填充"设置为"白色，背景 1，深色 15%"，将"形状轮廓"设置为无，调整矩形的位置与大小，如图 6-12 所示。

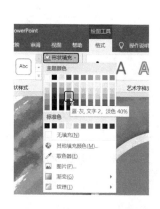

图 6-11 设置圆形形状样式

图 6-12 绘制矩形效果

(9) 复制该矩形，在对称位置的右侧粘贴，如图 6-13 所示。

(10) 选择"插入"选项卡，在"文本"选项组中单击"文本框→横排文本框"按钮，在幻灯片中绘制文本框并输入标题文字，然后选择文本框，在"开始"选项卡的"字体"选项组中，将"字体"设置为"汉仪菱心体简"，将"字号"设置为 54，"字体颜色"设置为白色，效果如图 6-14 所示。

图 6-13　复制、粘贴矩形

图 6-14　插入文字并设置格式

(11) 继续在标题下方插入文本框，输入文字，然后选择文本框，在"开始"选项卡的"字体"选项组中，将"字体"设置为"等线(正文)"，将"字号"设置为 11，"字体颜色"设置为白色，效果如图 6-15 所示。

(12) 按住 Ctrl 键，同时选中两个文本框，选择"动画"选项卡，在"动画"选项组中单击"其他"按钮，在弹出的下拉列表中单击 "缩放"选项，如图 6-16 所示。

图 6-15　复制、粘贴矩形

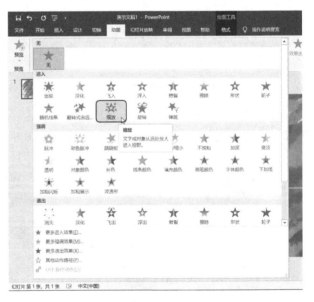

图 6-16　为文本框添加进入动画

(13) 在"计时"选项组中将"开始"设置为"与上一动画同时"，"持续时间"设置为"01.00"，"延迟"设置为"00.00"，如图 6-17 所示。

图 6-17　设置动画计时

任务 2　设置动画效果

设置动画效果.mp4

知识储备

在 PowerPoint 2016 中，适当地添加动画效果，可以使演示文稿更富有感染力，但动画使用，过多会分散观众的注意力，反而不利于传达信息，设置动画应遵从适当、简化和创新的原则。

1. 设置动画效果

PowerPoint 中的动画主要有进入、强调、退出和动作路径几种类型，用户可利用"动画"选项卡来添加和设置这些动画效果。

- 进入动画：PowerPoint 2016 中应用最多的动画类型，是指放映某张幻灯片时，幻灯片中的文本、图像和图形等对象进入放映画面时的动画效果。
- 强调动画：是指在放映幻灯片时，为已显示在幻灯片中的对象设置的动画效果，目的是强调幻灯片中的某些重要对象。
- 退出动画：是指在幻灯片放映过程中为离开幻灯片的对象设置的动画效果，它是进入动画的逆过程。
- 动作路径动画：不同于上述三种动画效果，它可以使幻灯片中的对象沿着系统自带的或用户自己绘制的路径进行运动。选中幻灯片中的对象，然后单击"动画"选项卡的"高级动画"选项组中的"添加动画"按钮，在下拉列表中选择"其他动作路径"选项，可以看到 PowerPoint 2016 中预设的动作路径，如图 6-18 和图 6-19 所示。

图 6-18　基本和线性动作路径

图 6-19　特殊动作路径

为对象设置动画后，还可以为动画设置效果选项。不同的动画效果，其选项也不相同，如图 6-20 所示。

除此之外，还可以利用"计时"选项组设置动画的开始播放方式、持续时间和延迟时间等，如图 6-21 所示。

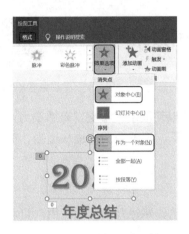

图 6-20 设置对象的动画效果

图 6-21 设置动画开始播放时间

提示： 在"计时"选项组的"持续时间"微调框中输入时间值，可以设置动画放映时的持续时间，持续时间越长，放映速度越慢。

2. 使用动画窗格管理动画

当对多个对象设置动画后，可以按设置时的顺序播放，也可以调整动画的播放顺序，使用"动画窗格"或"动画"选项卡下的"计时"选项组，可以查看和改变动画顺序，也可以调整动画播放的时长等。

提示： 动画窗格中对各对象的名称可以通过"开始"→"绘图"→"排列"→"选择窗格"进行修改。

单击"动画"选项卡的"高级动画"选项组中的"动画窗格"按钮，在 PowerPoint 窗口右侧打开动画窗格，可看到为当前幻灯片添加的所有动画效果都在该窗格中，如图 6-22 所示。如果将鼠标指针移至某个动画效果上方，将显示该动画的开始播放方式、动画效果类型和添加动画的对象。

若需要重新设置动画效果选项、开始方式和持续时间，以及调整效果的播放顺序和复制、删除效果等，都需要先选中相应的效果。在动画窗格中单击某个动画效果，可将其选中，若配合 Ctrl 和 Shift 键，还可同时选中多个效果。

若希望对动画效果进行更多设置，可单击要设置的效果，再单击右侧的三角按钮，从弹出的列表中选择"效果选项"，如图 6-23 所示，然后在打开的对话框中进行设置并单击"确定"按钮即可。不同的动画效果的设置项也不相同。

3. 自定义路径动画

预设的路径动画如不能满足设计要求，用户还可以通过自定义路径动画来设计对象的路径动画。

选中幻灯片中的对象，然后单击"动画"选项卡的"高级动画"选项组中的"添加动画"按钮，在下拉列表中选择"动画路径"组下方的"自定义路径"选项，将鼠标指针移至幻灯片上，当鼠标指针变成"+"形状时，可建立路径的起始点，鼠标指针变成画笔，移动鼠标，可画出自定义路径，双击鼠标可确定终点，之后动画会按路径浏览一次，如图 6-24 所示。

图 6-22　设置"动画窗格"

图 6-23　对象动画效果设置

选中已经定义的路径动画，单击鼠标右键，在弹出的快捷菜单中选择"编辑顶点"命令，在出现的黑色顶点上单击鼠标右键，在弹出的快捷菜单中选择"平滑曲线"命令，可修改路径动画，如图 6-25 所示。

图 6-24　绘制自定义路径动画

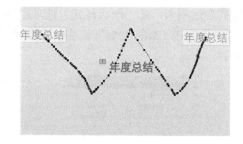

图 6-25　编辑自定义路径动画

4. 复制动画设置

如果要为某个对象应用已设置动画效果的对象相同的动画，可以使用"动画"选项卡的"高级动画"选项组中的"动画刷"来完成。选中幻灯片上的某个对象，单击"动画刷"命令，可以复制该对象的动画，然后单击另一对象，其动画设置就复制到了该对象上，双击"动画刷"命令，可将同一动画设置复制到多个对象上。

任务实践

(1) 新建一张空白幻灯片，选择"插入"选项卡，单击"图像"选项组中的"图片"按钮，弹出"插入图片"对话框，选择"配图 1.jpg"素材文件，单击"插入"按钮，如图 6-26 所示。

(2) 选中该素材文件,将其调整至幻灯片左侧。选择"动画"选项卡,在"动画"选项组中单击"浮入"选项,在"效果选项"中选择"下浮",在"计时"选项组中将"开始"设置为"与上一动画同时",将"持续时间"设置为"01.00",如图 6-27 所示。

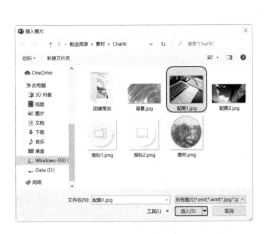

图 6-26　插入"配图 1.jpg"

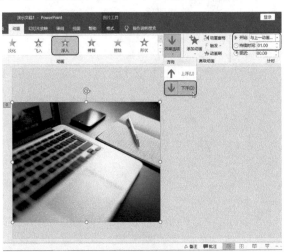

图 6-27　添加动画并设置计时

(3) 选择"插入"选项卡,在"插图"选项组中单击"形状"按钮,在弹出的下拉列表中选择"圆角矩形"选项,如图 6-28 所示。

(4) 在幻灯片的右上角绘制一个圆角矩形,然后选中该矩形,选择"绘图工具"下的"格式"选项卡,在"形状样式"选项组的"形状填充"下拉列表中选择填充颜色为"灰色-25%,背景 2,深色 75%",在"形状轮廓"下拉列表中选择"无轮廓",效果如图 6-29 所示。

图 6-28　插入圆角矩形

图 6-29　设置形状格式

(5) 选择"插入"选项卡,在"绘图"选项组中单击"文本框→横排文本框"按钮,在幻灯片中绘制文本框并输入数字,然后选择文本框,在"开始"选项卡的"字体"选项组中,将"字体"设置为 Calibri,将"字号"设置为 24,"字体颜色"设置为"蓝色,个性色 5,淡色 40%",如图 6-30 所示。

(6) 绘制一个矩形,在"形状样式"选项组的"形状填充"下拉列表中选择填充颜色为"蓝色,个性色 5,淡色 60%",在"形状轮廓"下拉列表中选择"无轮廓",调整矩形的位置和大小,如图 6-31 所示。

图 6-30　输入文字并设置文字格式　　　　　　图 6-31　设置矩形格式

（7）紧贴着蓝色矩形的左侧，再绘制一个细窄同高矩形，在"形状样式"选项组的"形状填充"中选择填充颜色为"蓝色，个性色 5，深色 25%"，如图 6-32 所示。在"形状轮廓"中选择"无轮廓"。

（8）选择"插入"选项卡，在"文本"选项组中单击"文本框"按钮，在弹出的下拉列表中选择"文本框→横排文本框"选项，在幻灯片中绘制一个文本框，输入文字。选中输入的文字，选择"开始"选项卡，在"字体"选项组中，将"字体"设置为"微软雅黑"，将"字体大小"设置为 28，将"字体颜色"设置为黑色，效果如图 6-33 所示。

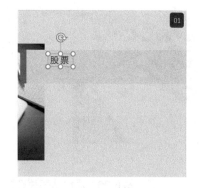

图 6-32　设置矩形格式　　　　　　　　图 6-33　输入文字并设置格式

（9）重复上一步骤，在下方继续插入文字，将"字体大小"设置为 14，其他相同，效果如图 6-34 所示。

（10）按住 Ctrl 键，同时选中两个矩形及两个文本框，选择"开始"选项卡，在"绘图"选项组中单击"排列"按钮，在弹出的下拉列表中，单击"组合"选项，如图 6-35 所示。

（11）选中该组合，切换至"动画"选项卡，在"动画"选项组中单击"飞入"选项，在"效果选项"下拉列表中选择"自右侧"，在"计时"选项组中将"开始"设置为"与上一动画同时"，将"持续时间"设置为 01.00，如图 6-36 所示。

（12）选择"插入"选项卡，单击"图像"选项组中的"图片"按钮，弹出"插入图片"对话框，选择"图标 1.png"素材文件，单击"插入"按钮，位置如图 6-37 所示。

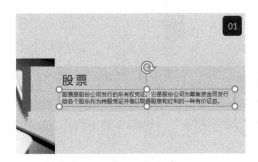

图 6-34　继续输入文字　　　　　　　　　图 6-35　组合文字与矩形

图 6-36　添加动画并设置计时　　　　　　图 6-37　插入"图标 1.png"

(13) 继续插入"图标 2.png"素材文件，位置如图 6-38 所示。

(14) 按住 Ctrl 键，同时选中两个图标，切换至"动画"选项卡，在"动画"选项组中单击"翻转式由远及近"选项，在"计时"选项组中将"开始"设置为"上一动画之后"，将"持续时间"设置为 01.00，如图 6-39 所示。

(15) 在图标右侧绘制"横排文本框"并输入四组文字，将"字体"设置为"等线(正文)"，小标题文本的"字号"设置为 18，内容文本的"字号"设置为 14，分别设置文本的字体颜色，如图 6-40 所示。

(16) 按住 Ctrl 键，同时选中四个文本框，切换至"动画"选项卡，在"动画"选项组中单击"擦除"选项，"效果选项"选择"自左侧"，"序列"选择"整批发送"。在"计时"组中将"开始"设置为"上一动画之后"，将"持续时间"设置为"00.50"，如图 6-41 所示。

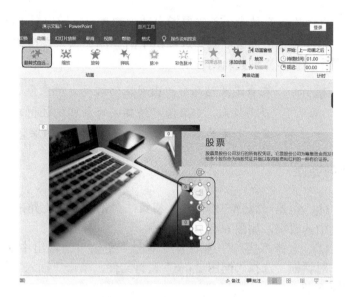

图 6-38　插入"图标 2.png"　　　　　　　图 6-39　添加动画并设置计时

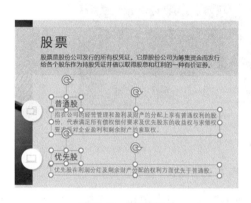

图 6-40　设置文本　　　　　　　　　　图 6-41　设置计时

任务 3　为对象添加多个动画效果

为对象添加多个
动画效果.mp4

PowerPoint 2016 中提供了多种动画方案，其中设定了幻灯片的切换效果和幻灯片中各对象的显示效果。使用这些预设的动画方案，能快速地为演示义稿中的一张或所有幻灯片设置动画效果。同时，用户也可以对单个对象应用多个动画效果。例如，若希望某一对象同时具有"进入"和"退出"效果，或者希望项目符号列表以一种方式进入，然后以另一种方式强调每一要点。

为给已经应用动画的对象指定新的动画效果，可以按照下面的步骤进行。

(1) 在幻灯片上，单击要指定动画的对象。切换至"动画"选项卡。

(2) 单击"高级动画"选项组中的"添加效果"按钮，然后按照"自定义路径动画"一节所述的步骤创建新的效果。

提示： 在自定义动画中，出现在幻灯片上对象旁边的数字不是指对象本身，指的是动画效果。如果没有给某一对象指定任何动画效果，那么它不会有数字。相反，如果为某一对象指定了多种动画效果，那么它就会有多个数字。

任务实践

(1) 新建一张空白幻灯片，将第二张幻灯片右上角的页码复制、粘贴到相同位置，修改其中的数字，如图 6-42 所示。

(2) 选择"插入"选项卡，单击"图像"选项组中的"图片"按钮，弹出"插入图片"对话框，选择"配图 2.jpg"素材文件，单击"插入"按钮，将图片插入幻灯片左侧，如图 6-43 所示。

图 6-42　复制、粘贴页码　　　　　　　　图 6-43　插入"配图 2.jpg"

(3) 选中该图片，选择"动画"选项卡，在"动画"选项组中单击"劈裂"选项，在"效果选项"中选择"左右向中央收缩"，在"计时"选项组中将"开始"设置为"与上一动画同时"，"持续时间"设置为 01.00，如图 6-44 所示。

图 6-44　为素材图片添加动画

（4）在"高级动画"选项组中单击"添加动画"选项，在"动作路径"中选择"直线"效果，如图 6-45 所示。

（5）在"效果选项"中选择移动方向为"右"，在"计时"选项组中将"开始"设置为"上一动画之后"，"持续时间"设置为"02.00"，"延迟"设置为"00.00"，如图 6-46 所示。

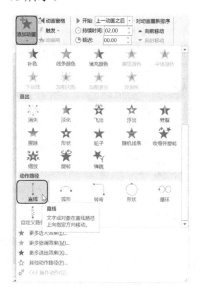

图 6-45　添加直线动画

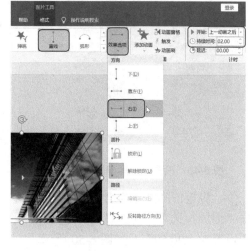

图 6-46　设置动画效果与计时

（6）单击绿色起点箭头，进入路径编辑模式，拖动红色的圆点到幻灯片右侧，使得图片移动后的位置与移动前左右对称，如图 6-47 所示。

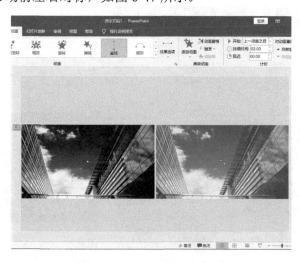

图 6-47　设置动画效果和计时

（7）绘制一个矩形，在"形状样式"选项组的"形状填充"中选择填充颜色为"蓝-灰，文字 2，淡色 40%"，在"形状轮廓"中选择"无轮廓"，调整矩形的位置和大小，使之覆盖"配图 2.jpg"，如图 6-48 所示。

(8) 在幻灯片中绘制一个横排文本框，输入文字。选中输入的文字，选择"开始"选项卡，在"字体"选项组中，将"字体"设置为"等线(正文)"，将"字体大小"设置为16，将"字体颜色"设置为白色，效果如图 6-49 所示。

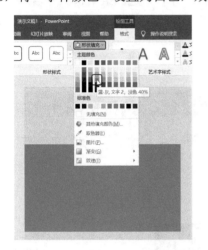

图 6-48　设置矩形形状样式　　　　　　　　图 6-49　设置文字格式

(9) 将矩形和文字组合，选中该组合，切换至"动画"选项卡，在"动画"选项组中单击"缩放"选项，在"计时"选项组中将"开始"设置为"上一动画之后"，"持续时间"设置为"00.50"，如图 6-50 所示。

(10) 在幻灯片中绘制一个横排文本框，输入文字。选中输入的文字，选择"开始"选项卡，在"字体"选项组中，将"字体"设置为"微软雅黑"，将"字体大小"设置为40，将"字体颜色"设置为"蓝色，个性色 5，深色 25%"，效果如图 6-51 所示。

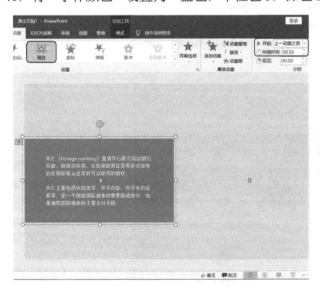

图 6-50　设置矩形和文字组合　　　　　　　图 6-51　设置文字格式

任务 4　打印幻灯片

打印幻灯片.mp4

知识储备

多数演示文稿均设计为以彩色模式来显示，但幻灯片和讲义通常以黑白或灰度阴影模式打印。

以灰度模式打印时，彩色图像将以介于黑色和白色之间的各种灰色色调打印出来。打印幻灯片时，PowerPoint 将设置演示文稿的颜色，使其与所选打印机的功能相符。可以调整幻灯片的大小以适合不同的纸张大小(包括信纸和分类账)，也可以自定义大小。在 PowerPoint 中，还可以打印演示文稿的其他部分，例如讲义、备注页中的演示文稿等。

PowerPoint 支持以下两种打印形式。

- 快速打印：将打印机设置好后，直接启动打印机进行快速打印 。

- 打印浏览和打印：在打印前浏览打印效果，如果不符合要求，进行调整之后再打印。单击"文件"按钮，然后选择"打印"选项，进行各种设置之后再打印。

1. 打印设置

在打印演示文稿前，可以进行设置，其方法是单击"文件"按钮，然后选择"打印"选项，在右侧的区域中可以进行打印设置，如图 6-52 所示。

图 6-52　选择"打印"选项

(1) 打印范围：在下拉列表中可以选择"打印全部幻灯片""打印所选幻灯片""打印当前幻灯片"等选项，如图 6-53 所示。

(2) 打印内容：在下拉列表中可以选择"整页幻灯片""备注页""大纲"和"讲义"选项，如图 6-54 所示。

图 6-53　打印范围

图 6-54　打印内容

(3) 色彩模式：在下拉列表中，可以选择"颜色""灰度"或"纯黑白"选项，如图 6-55 所示。

另外，还可以在打印内容下拉列表中选择"幻灯片加框""根据纸张调整大小"和"高质量"选项，以及设置打印份数等，如图 6-56 所示。

图 6-55　色彩模式

图 6-56　选择"幻灯片加框"等选项

完成各种设置后，单击"打印"按钮，弹出"将打印输出另存为"对话框，在对话框中设置文件的保存路径和输入新的文件名后，单击"保存"按钮即可打印文件，如图 6-57 所示。

2. 设置幻灯片的大小和打印方向

可以为要打印的演示文稿设置幻灯片的大小和打印方向，其操作步骤如下。

(1) 单击"设计"选项卡的"自定义"选项组中的"幻灯片大小"按钮，选择"自定义幻灯片大小"选项，如图 6-58 所示，弹出"幻灯片大小"对话框，如图 6-59 所示。

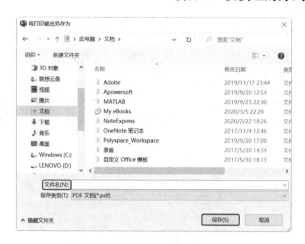

图 6-57　"将打印输出另存为"对话框

图 6-58　选择"自定义幻灯片大小"选项

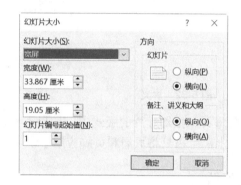

图 6-59　"幻灯片大小"对话框

(2)　在"幻灯片大小"下拉列表中选择要打印的纸张大小，如图 6-60 所示。如果选择"自定义"选项，则在"宽度"和"高度"微调框中输入所需的尺寸。若要为幻灯片设置页面方向，可在"方向"区域中的"幻灯片"选项组中勾选"纵向"或"横向"单选按钮，如图 6-61 所示。

图 6-60　设置幻灯片大小

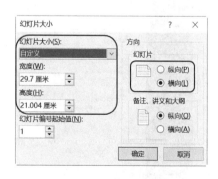

图 6-61　设置页面方向

(3)　设置完成后单击"确定"按钮即可。

3. 设置讲义

讲义可以将多张幻灯片排列放置在一张页面中，这样，观众既可以在演示时观看到相应的文稿，也可以将来参考该文稿，如图 6-62 所示。

对于讲义，首先要安排讲义的内容，可以在打印预览中实现。可以指定将页面设置为"横向"或"纵向"，指定每页显示的幻灯片数；可以添加、预览和编辑页眉和页脚(如页码)，如图 6-63 所示。

图 6-62　讲义　　　　　　　　　　图 6-63　编辑页眉和页脚

在每页一张幻灯片的版式中，如果不希望有页眉和页脚文本、日期或幻灯片号显示在幻灯片上，可以只将页眉和页脚应用于讲义而不应用于幻灯片。

任务实践

(1) 添加完效果后，可对幻灯片进行打印。打开本书配送素材\场景\企业价值观.pptx文档，选择"文件"选项卡，然后选择"打印"选项，弹出打印设置界面，设置打印份数为 5，如图 6-64 所示。

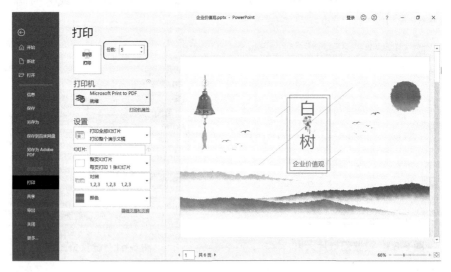

图 6-64　设置打印份数

（2）在"打印机"列表中选择打印机，在"设置"选项组中，将打印范围设置为"自定义范围"，输入打印的页码，这里输入"2,3,4,5"，如图 6-65 所示。

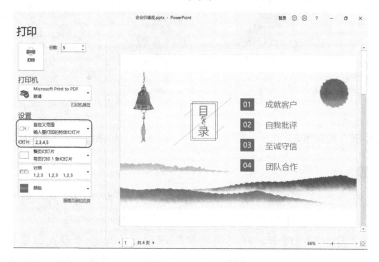

图 6-65　设置打印范围

（3）设置完成后开始打印。

上机实训　团 建 策 划

团建策划.mp4

1．实训背景

为激发员工的积极性，更好地促进员工之间的沟通，公司打算进行一次团建活动。需要制作一个关于团建方案的课件，要求背景色彩亮丽，层次分明。

2．实训内容和要求

本实训将介绍如何制作团建方案幻灯片。该实训主要为幻灯片添加素材图像，然后为素材图像添加动画效果，再添加图形及文字，从而完成最终效果。素材及效果如图 6-66～图 6-69 所示。

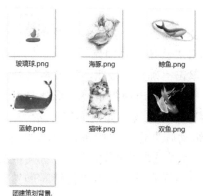

图 6-66　素材

图 6-67　效果图 1

图 6-68　效果图 2　　　　　　　　　　　　　　图 6-69　效果图 3

3. 实训步骤

(1) 新建一个空白演示文稿，选择"开始"选项卡，在"幻灯片"选项组中单击"版式"按钮 ▤版式▾，在弹出的下拉列表中选择"空白"选项。

(2) 切换至"设计"选项卡，在"自定义"选项组中单击"设置背景格式"按钮，弹出"设置背景格式"任务窗格，在"填充"选项组中选中"图片或纹理填充"单选按钮，单击"插入图片来自"下的"文件"按钮，弹出"插入图片"对话框，在该对话框中选择素材图片"团建策划背景.jpg"，单击"插入"按钮，在"设置背景格式"任务窗格中单击"全部应用"按钮。

(3) 切换至"切换"选项卡，在"切换到此幻灯片"选项组中选择"淡出"效果，如图 6-70 所示。

图 6-70　设置幻灯片切换效果

(4) 选择"插入"选项卡，在"插图"选项组中单击"形状"按钮，在弹出的下拉列表中选择"矩形"选项，如图 6-71 所示。绘制一个矩形，选中该矩形，选择"绘图工具"下的"格式"选项卡，在"形状样式"选项组中单击"形状填充"按钮，在弹出的下拉列表中选择"无填充"选项，如图 6-72 所示。

(5) 继续在"形状样式"选项组中单击"形状轮廓"按钮，在弹出的下拉列表中选择"粗细"，设置为 2.25 磅，如图 6-73 所示。然后单击"其他轮廓颜色"选项，在弹出的对话框中将矩形边框的 RGB 值设置为 80、123、132，单击"确定"按钮，如图 6-74 所示。

(6) 选择"绘图工具"下的"格式"选项卡，在"大小"选项组中将"形状高度"设置为 17.5 厘米，将"形状宽度"设置为 32.5 厘米。调整矩形位置，如图 6-75 所示。

(7) 选中该矩形，选择"动画"选项卡，在"高级动画"选项组中单击"添加动画"选项，在"进入"选项组中选择"劈裂"效果，在"效果选项"中选择"左右向中央收缩"，在"计时"选项组中将"开始"设置为"与上一动画同时"，将"持续时间"设置为"00.50"，将"延迟"设置为"00.00"，如图 6-76 所示。

图 6-71　插入矩形形状

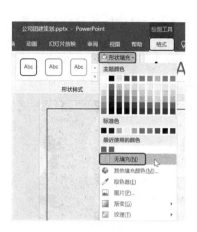

图 6-72　设置矩形"无填充"

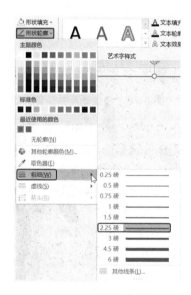

图 6-73　设置边框粗细

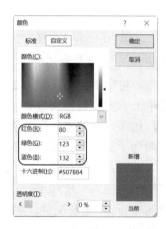

图 6-74　设置矩形边框颜色

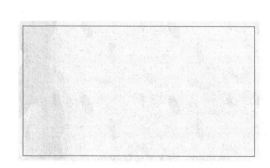

图 6-75　设置矩形大小并调整位置

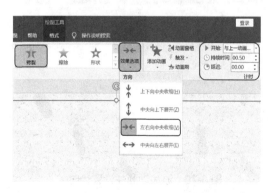

图 6-76　添加动画并设置计时

（8）选择"插入"选项卡，在"文本"选项组中单击"文本框"按钮，在弹出的下拉列表中选择"横排文本框"选项，在幻灯片中绘制一个文本框，输入标题。选中该文本框，在"字体"选项组中将字体设置为"方正静蕾简体"，将字体大小设置为 54，单击"加粗"按钮，将字体颜色的 RGB 值设置为 112、169、181，效果如图 6-77 所示。

(9) 选中该文本框，选择"动画"选项卡，在"高级动画"选项组中单击"添加动画"选项，在"进入"选项组中选择"弹跳"效果，在"计时"选项组中将"开始"设置为"与上一动画同时"，"持续时间"设置为"02.00"，"延迟"设置为"00.00"，如图 6-78 所示。

图 6-77　输入标题

图 6-78　添加动画并设置计时

(10) 继续输入文字，方法同上，选中该文本框，在"字体"选项组中将字体设置为"微软雅黑"，将字体大小设置为 20，将字体颜色的 RGB 值设置为 166、166、166。

(11) 选中上一步设置的文本框，选择"动画"选项卡，在"高级动画"选项组中单击"添加动画"选项，在"进入"选项组中选择"浮入"效果，在"效果选项"下拉列表中选择移动方向为"上浮"，在"计时"选项组中将"开始"设置为"与上一动画同时"，"持续时间"设置为"01.00"，"延迟"设置为"00.50"，如图 6-79 所示。

(12) 切换至"插入"选项卡，在"图像"选项组单击"图片"按钮，在弹出的对话框中选择"玻璃球.png"素材文件，如图 6-80 所示。

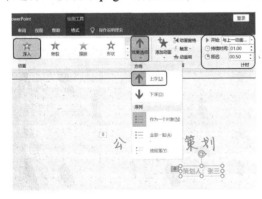

图 6-79　添加动画并设置计时

图 6-80　插入"玻璃球.png"素材

(13) 选中"玻璃球.png"，选择"动画"选项卡，在"高级动画"选项组中单击"添加动画"选项，在"进入"组中选择"翻转式由远及近"效果，在"计时"选项组中将"开始"设置为"与上一动画同时"，"持续时间"设置为"01.00"，"延迟"设置为

"00.50"。

(14) 选择"插入"选项卡，在"图像"选项组单击"图片"按钮，在弹出的对话框中选择"蓝鲸.png"素材文件。

(15) 选中"蓝鲸.png"，选择"动画"选项卡，在"高级动画"选项组中单击"添加动画"选项，在"动作路径"中选择"直线"效果，在"效果选项"中选择移动方向为"靠左"，在"计时"选项组中将"开始"设置为"与上一动画同时"，"持续时间"设置为"02.00"，"延迟"设置为"00.50"，如图 6-81 所示。

(16) 继续为"蓝鲸.png"添加动画，选择"动画"选项卡，在"高级动画"选项组中单击"添加动画"按钮，在"强调"组中选择"跷跷板"效果，在"计时"选项组中将"开始"设置为"上一动画之后"，"持续时间"设置为"01.50"，"延迟"设置为"00.00"，如图 6-82 所示。

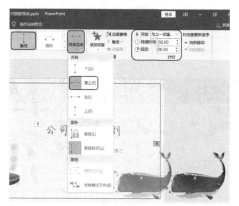

图 6-81 添加动画并设置计时

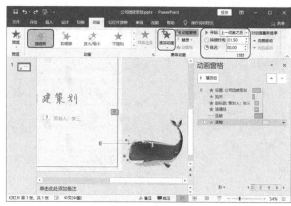

图 6-82 继续添加动画

(17) 选择"开始"选项卡，在"幻灯片"选项组中单击"新建幻灯片"按钮，在弹出的下拉列表中选择"空白"选项。

(18) 选择"插入"选项卡，在"插图"选项组中单击"形状"按钮，在弹出的下拉列表中选择"直线"选项。绘制一条横线，选中该横线，选择"绘图工具"下的"格式"选项卡，在"形状样式"选项组中单击"形状轮廓"按钮，在弹出的下拉列表中选择"粗细"，设置为 3 磅。

(19) 在弹出的下拉列表中继续单击"其他轮廓颜色"，在弹出的对话框中将直线的 RGB 值设置为 112、169、181，单击"确定"按钮。选择"绘图工具"下的"格式"选项卡，在"大小"选项组中将"形状宽度"设置为 1.5 厘米。调整直线位置，如图 6-83 所示。

图 6-83 插入直线

(20) 选中该横线，选择"动画"选项卡，在"高级动画"选项组中单击"添加动画"选项，在"进入"组中选择"飞入"效果，在"效果选项"中选择移动方向为"自顶部"，在"计时"选项组中将"开始"设置为"与上一动画同时"，"持续时间"设置为"00.50"，"延迟"设置为"00.00"，如图 6-84 所示。

(21) 选择"插入"选项卡，在"文本"选项组中单击"文本框"按钮，在弹出的下拉列表中选择"横排文本框"选项，在幻灯片中绘制一个文本框，输入标题。选中该文本框，在"字体"选项组中将字体设置为"方正静蕾简体"，将字体大小设置为 44，单击"加粗"按钮，将字体颜色设置为"黑色，文字 1，淡色 35%"。

(22) 选中该文本框，选择"动画"选项卡，在"高级动画"选项组中单击"添加动画"选项，在"进入"组中选择"劈裂"效果，在"计时"选项组中将"开始"设置为"上一动画之后"，"持续时间"设置为"00.50"，"延迟"设置为"00.00"，如图 6-85 所示。

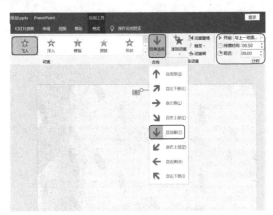

图 6-84　为横线添加动画并设置计时

图 6-85　为文字添加动画并设置计时

(23) 选择"插入"选项卡，在"图像"选项组单击"图片"按钮，在弹出的对话框中选择"海豚.png"素材文件。

(24) 选中"海豚.png"，单击鼠标右键，在弹出的快捷菜单中选择"置于底层"命令。选择"动画"选项卡，在"高级动画"选项组中单击"添加动画"选项，在"动作路径"中选择"直线"效果，在"效果选项"中选择移动方向为"下"，在"计时"选项组中将"开始"设置为"单击时"，"持续时间"设置为"02.00"，"延迟"设置为"00.00"，如图 6-86 所示。另外，单击红色箭头，可以解除路径锁定，调整起点与终点。

(25) 选择"插入"选项卡，在"插图"选项组中单击"形状"按钮，在弹出的下拉列表中选择"矩形"选项，绘制一个矩形。选中该矩形，选择"绘图工具"下的"格式"选项卡，在"形状样式"选项组中单击"形状填充"按钮，在弹出的下拉列表中选择"无填充"选项。

(26) 继续在"形状样式"选项组中单击"形状轮廓"按钮，在弹出的下拉列表中选择"粗细"，设置为 1.5 磅。然后单击"其他轮廓颜色"，在弹出的对话框中将矩形边框的 RGB 值设置为 112、169、181，单击"确定"按钮。

(27) 选择"绘图工具"下的"格式"选项卡，在"大小"选项组中将"形状高度"设置为 7.5 厘米，将"形状宽度"设置为 10 厘米。调整矩形位置，如图 6-87 所示。

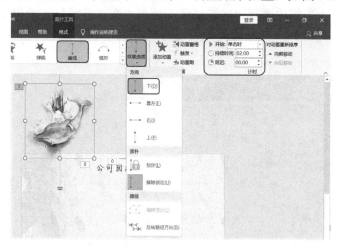

图 6-86　为"海豚.png"添加动画并设置计时

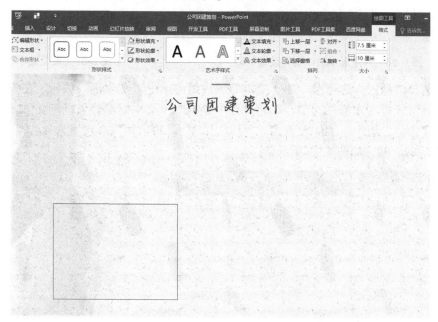

图 6-87　调整矩形的大小与位置

(28) 选中该矩形，选择"动画"选项卡，在"高级动画"选项组中单击"添加动画"选项，在"进入"组中选择"轮子"效果，在"计时"选项组中将"开始"设置为"与上一动画同时"，"持续时间"设置为"02.00"，"延迟"设置为"00.00"，如图 6-88 所示。

(29) 选择"插入"选项卡，在"文本"选项组中单击"文本框"按钮，在弹出的下拉列表中选择"横排文本框"选项，在幻灯片中绘制一个文本框，输入标题。选中该文本框，在"字体"选项组中将字体设置为"宋体"，将字体大小设置为 24，单击"加粗"按钮，将字体颜色设置为与矩形相同，如图 6-89 所示。

(30) 选中该文本框，选择"动画"选项卡，在"高级动画"选项组中单击"添加动画"选项，在"进入"组中选择"随机线条"效果，在"计时"选项组中将"开始"设置为"与上一动画同时"，"持续时间"设置为"01.00"，"延迟"设置为"01.00"，如图 6-90 所示。

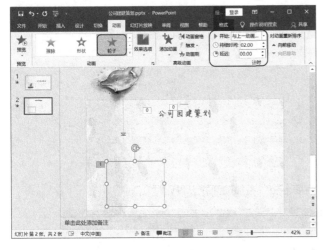

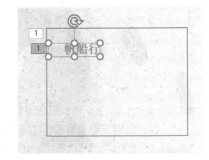

图 6-88　为矩形添加动画并设置计时　　　　　　　　图 6-89　设置文字效果

(31) 选择"插入"选项卡，在"文本"选项组中单击"文本框"按钮，在弹出的下拉列表中选择"横排文本框"选项，在幻灯片中绘制一个文本框，输入段落文本。选中该文本框，在"字体"组中将字体设置为"等线(正文)"，将字体大小设置为 14，将字体颜色设置为 89、89、89，如图 6-91 所示。

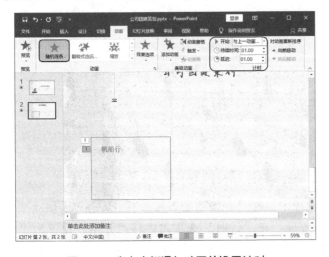

图 6-90　为文本框添加动画并设置计时　　　　　　　图 6-91　设置文字效果

(32) 选中"帆船行"小标题文本框，选择"动画"选项卡，在"高级动画"选项组中单击"动画刷"按钮，为下方的内容文本框添加与小标题文本框一样的动画。

(33) 选择"插入"选项卡，在"图像"选项组单击"图片"按钮，在弹出的对话框中选择"鲸鱼.png"素材文件。

(34) 选中"鲸鱼.png"，单击鼠标右键，在弹出的快捷菜单中选择"置于底层"命令。选择"动画"选项卡，在"高级动画"选项组中单击"添加动画"选项，在"进入"组中选择"随机线条"效果，在"计时"选项组中将"开始"设置为"单击时"，"持续时间"设置为"01.00"，"延迟"设置为"00.00"，如图 6-92 所示。

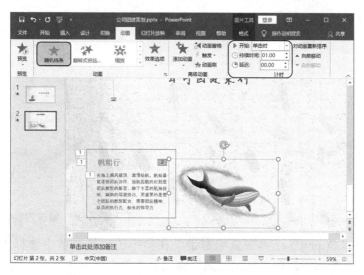

图 6-92 为"鲸鱼.png"添加动画并设置计时

(35) 复制刚刚创建的矩形，粘贴到幻灯片中部位置。选择"绘图工具"下的"格式"选项卡，在"大小"选项组中将"形状高度"设置为 7 厘米，将"形状宽度"设置为 10.5 厘米。此时原矩形的动画也被一并复制过来，如图 6-93 所示。

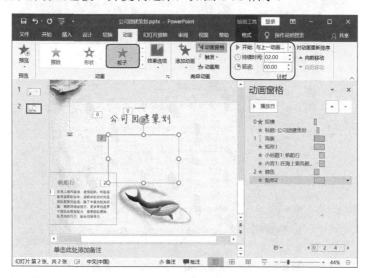

图 6-93 矩形 2 动画

(36) 复制"帆船行"文本框，粘贴到中间矩形框内合适位置，此时该文本框的动画也一并被复制过来。修改文本框内的文字，如图 6-94 所示。

(37) 复制第一个内容文本框，粘贴到中间矩形框内合适位置，此时该文本框的动画也一并被复制过来。修改文本框内的文字，如图 6-95 所示。

(38) 选择"插入"选项卡，在"图像"选项组中单击"图片"按钮，在弹出的对话框中选择"双鱼.png"素材文件。

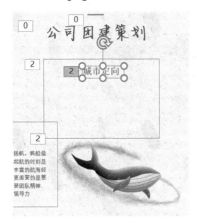

图 6-94　修改小标题 2

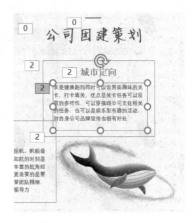

图 6-95　修改内容 2

(39) 选中"双鱼.png"，单击鼠标右键，在弹出的快捷菜单中选择"置于底层"命令。选择"动画"选项卡，在"高级动画"选项组中单击"添加动画"选项，在"进入"组中选择"飞入"效果，在"效果选项"中选择移动方向为"自顶部"，在"计时"选项组中将"开始"设置为"单击时"，"持续时间"设置为"01.00"，"延迟"设置为"00.00"，如图 6-96 所示。

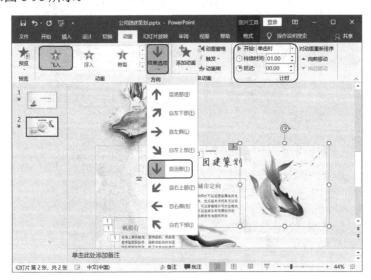

图 6-96　为"双鱼.png"添加动画并设置计时

(40) 复制矩形，粘贴到幻灯片右侧位置。选择"绘图工具"下的"格式"选项卡，在"大小"选项组中将"形状高度"设置为 7.5 厘米，将"形状宽度"设置为 11 厘米。此时原矩形的动画也被一并复制过来，如图 6-97 所示。

(41) 复制"帆船行"文本框，粘贴到右侧矩形框内合适位置，此时该文本框的动画也一并被复制过来。修改文本框内的文字，如图 6-98 所示。

(42) 复制第一个内容文本框，粘贴到中间矩形框内合适位置，此时该文本框的动画也一并被复制过来。修改文本框内的文字，如图 6-99 所示。

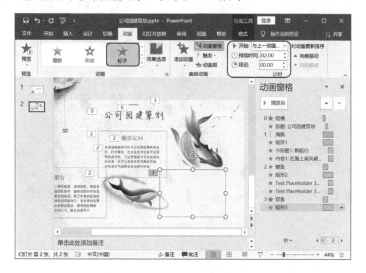

图 6-97　矩形 3 动画

图 6-98　修改小标题 3

图 6-99　修改内容 3

(43) 此时第二张幻灯片的动画窗格如图 6-100 所示。

(44) 切换至"切换"选项卡，在"切换到此幻灯片"选项组中选择"梳理"效果，如图 6-101 所示。

(45) 选择第二张幻灯片，按 Enter 键新建一个空白幻灯片。

(46) 选择"插入"选项卡，在"图像"选项组中单击"图片"按钮，在弹出的对话框中选择"猫咪.png"素材文件，将素材置于第三张幻灯片的左下角，如图 6-102 所示。

(47) 选择"插入"选项卡，在"文本"选项组中单击"文本框"按钮，在弹出的下拉列表中选择"横排文本框"选项，在幻灯片中绘制一个文本框，输入结束语。选中该文本框，在"字体"选项组中将字体设置为"方正喵呜体"，将字体大小设置为 80，将字体颜色的 RGB 值设置为 75、133、145。

图 6-100　第二张幻灯片的动画窗格

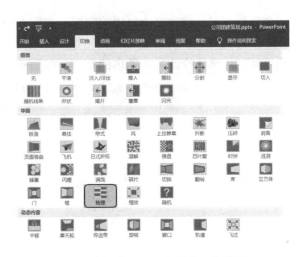

图 6-101　第二张幻灯片的切换效果

图 6-102　插入"猫咪.png"素材

(48) 选中该文本框，选择"动画"选项卡，在"高级动画"选项组中单击"添加动画"选项，在"进入"组中选择"擦除"效果，将"效果选项"设置为自左侧，在"计时"选项组中将"开始"设置为"与上一动画同时"，"持续时间"设置为"01.00"，"延迟"设置为"00.00"，如图 6-103 所示。

图 6-103　为文字添加动画并设置计时

(49) 切换至"切换"选项卡，在"切换到此幻灯片"选项组中选择"剥离"效果，保存文件并退出。

习　题

1. 选择题

(1) 下面关于幻灯片动画效果的说法，不正确的是(　　)。

    A. 如果要对幻灯片中的对象进行详细的动画效果设置，就应该使用自定义动画

    B. 对幻灯片中的对象可以设置打字机效果

    C. 幻灯片文本不能设置动画效果

    D. 动画顺序决定了对象在幻灯片中出场的先后次序

(2) 按(　　)键可以启动幻灯片放映。

    A. Enter　　　　　　B. F5　　　　　　　C. F6　　　　　　　　D. Backspace

(3) 在幻灯片放映过程中，能正确切换到下一张幻灯片的操作是(　　)。

    A. 单击鼠标左键　　　　　　　　B. 按 F5 键

    C. 按 PageUp 键　　　　　　　　D. 以上都不正确

2. 简答题

(1) 如何为文字添加效果？

(2) 如何为对象添加多个动画效果？

项目 7

电影介绍课件——超链接的应用

【项目导入】

在 PowerPoint 2016 中，用户可以根据需要为幻灯片创建超链接，本项目将对其进行简单的介绍。

1) 创建超链接

在幻灯片中，为文字添加超链接后，文字将会以不同的颜色显示，如图 7-1 和图 7-2 所示。

图 7-1 创建超链接前

图 7-2 创建超链接后

通过超链接可以将不同的对象链接在一起，当访问者单击超链接时，系统将会自动跳转至链接的对象上。

2) 创建动作

在幻灯片中，可以为对象添加动作效果，从而实现光标悬停或单击鼠标时链接至其他幻灯片或网站上，以及运行程序、播放声音等。

【项目分析】

在本项目中，将介绍如何创建超链接、为对象添加动作、添加切换效果等。

【能力目标】

学会如何创建超链接。

【知识目标】

(1) 掌握如何创建动作。

(2) 掌握如何添加切换效果及设置。

(3) 熟悉如何设置鼠标单击和光标悬停动作。

任务 1 创建超链接

知识储备

创建超链接.mp4

在 PowerPoint 中，超链接可以是同一演示文稿中一张幻灯片到另一张幻灯片的链接，也可以是从一张幻灯片到不同演示文稿中的幻灯片、电子邮件地址、网页或文件的链接等。可以为文本或对象创建超链接。

PowerPoint 中提供了功能强大的超链接功能，可以实现跳转到某张幻灯片，跳转到另一个演示文稿或某个网址等。创建超链接的对象可以是任何对象，如文本、图形等，激活超链接的方式可以是单击或光标悬停。下面就简单介绍一下在 PowerPoint 中设置超链接的三种方法。

1. 通过插入"链接"创建超链接

在幻灯片视图中，选中幻灯片上要创建超链接的文本或图形对象，单击"插入"选项卡的"链接"选项组中的"超链接"按钮，弹出"插入超链接"对话框，在左侧的"链接到"框中提供了现有文件或网页、本文档中的位置、新建文档、电子邮件地址等选项，单击相应的选项，就可以在不同项目中输入链接的对象，如图 7-3 所示。

2. 通过"动作"创建超链接

在幻灯片视图中，选中幻灯片上要创建超链接的对象，选择"插入"选项卡的"链接"选项组中的"动作"按钮，在弹出的"操作设置"对话框中有"单击鼠标"和"鼠标移过"两个选项卡。如果要使用单击启动跳转，可选择"单击鼠标"选项卡；如果使用光标悬停启动跳转，可选择"鼠标悬停"选项卡。单击"超链接到"下拉列表框，在这里，可以选择链接到上一张幻灯片、下一张幻灯片、其他文件等选项，最后单击"确定"按钮，如图 7-4 所示。

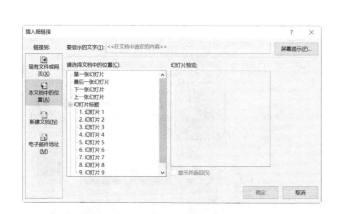

图 7-3　通过插入"链接"创建超链接

图 7-4　通过"动作"创建超链接

3. 通过"动作按钮"来创建超链接

前面两种方法的链接对象基本上都是幻灯片中的文字或图形，而"动作按钮"链接的对象则是添加的按钮。在 PowerPoint 中提供了一些按钮，将这些按钮添加到幻灯片中，可以快速设置超链接，如图 7-5 所示。

单击"插入"菜单，在"插图"选项组中单击"形状"按钮，在弹出的下拉列表中选择"动作按钮"组中的形状，绘制所需的按钮，鼠标指针变成十字形状，在幻灯片中的适当位置拖动鼠标，绘制完成自动弹出"操作设置"对话框，接下来的设置与方法 2 一样。

如果当前幻灯片不需要再使用超链接，在要删除的超链接对象上单击鼠标右键，在弹出的快捷菜单中选择"删除链接"命令即可，如图 7-6 所示。

图 7-5 通过"动作按钮"创建超链接　　　　**图 7-6 单击右键删除"超链接"**

任务实践

(1) 新建一个空白演示文稿，选择"开始"选项卡，在"幻灯片"选项组中单击"版式"按钮 ，在弹出的下拉列表中选择"空白"选项，如图 7-7 所示。

(2) 选择"插入"选项卡，在"图像"选项组中单击"图片"按钮，弹出"插入图片"对话框，在该对话框中选择素材图片"1-1.jpg"，单击"插入"按钮，如图 7-8 所示，即可将选择的素材图片插入幻灯片中。

图 7-7 新建空白幻灯片　　　　　　　**图 7-8 选择素材图片**

(3) 继续插入素材图片"1-2.jpg"，调整素材的大小和位置，如图 7-9 所示。

(4) 在"插入"选项卡的"插图"选项组中单击"形状"按钮，在弹出的下拉列表中选择"矩形"选项，绘制一个矩形，如图 7-10 所示。

(5) 选中该矩形，选择"绘图工具"下的"格式"选项卡，在"形状样式"选项组中单击"设置形状格式"按钮，弹出"设置形状格式"任务窗格，在"填充"选项组中，将

"颜色"设置为"蓝色，个性色 5，深色 25%"，将"透明度"设置为 67%，在"线条"选项组中选中"无线条"单选按钮，如图 7-11 所示。

图 7-9　调整素材的大小和位置

图 7-10　绘制矩形

(6) 选择"绘图工具"下的"格式"选项卡，在"形状样式"选项组中单击"形状效果"按钮，在弹出的列表中选择"棱台"，单击"角度"选项，如图 7-12 所示。

(7) 选择"插入"选项卡，在"文本"选项组中单击"文本框"→"竖排文本框"按钮，在幻灯片中绘制文本框并输入标题，输入文字后选择文本框，在"开始"选项卡的"字体"选项组中，将"字体"设置为"汉仪尚巍手书 W"，将"字号"设置为 96，并单击"加粗"按钮，效果如图 7-13 所示。

(8) 选中该文本框，选择"绘图工具"下的"格式"选项卡，在"艺术字样式"选项组中单击"文本填充"按钮，在弹出的下拉列表中选择"图片"，如图 7-14 所示。

(9) 弹出"插入图片"任务窗格，单击"从文件"选项，在弹出的对话框中选择素材图片"1-3.jpg"，单击"插入"按钮，如图 7-15 所示。

(10) 最终标题文字的效果如图 7-16 所示。

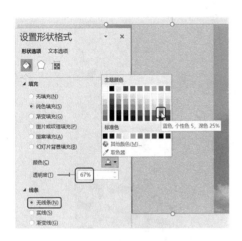

图 7-11　设置形状格式

图 7-12　设置形状效果

图 7-13　设置标题格式

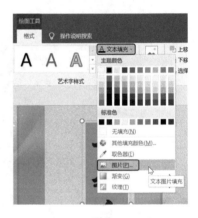

图 7-14　对标题进行图片填充

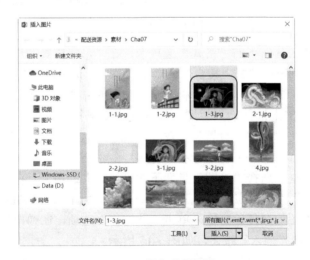

图 7-15　插入背景图片

(11) 选择"插入"选项卡，在"文本"选项组中单击"文本框"→"竖排文本框"按钮，在幻灯片中绘制文本框并输入副标题，输入文字后选择文本框，在"开始"选项卡的"字体"选项组中，将"字体"设置为"方正宋刻本秀楷简体"，将"字号"设置为 20，将"字体颜色"设置为"蓝色，个性色 1，深色 25%"，并单击"文字阴影"按钮 ^{S}，效果如图 7-17 所示。

图 7-16　标题文字效果　　　　　　图 7-17　设置副标题格式

(12) 选中素材图片"1-1.jpg"，选择"动画"选项卡，在"动画"选项组中单击"其他"按钮，在"进入"组中选择"擦除"效果，在"效果选项"中选择"自右侧"，在"计时"选项组中将"开始"设置为"与上一动画同时"，"持续时间"设置为"01.50"，"延迟"设置为"00.00"，如图 7-18 所示。

图 7-18　为"1-1.jpg"添加动画

(13) 选择"动画"选项卡，在"高级动画"选项组中单击"动画刷"按钮，此时鼠标指针右侧增加了一个刷子标志，单击素材图片"1-2.jpg"，在"效果选项"中选择"自左侧"。

(14) 选中蓝色矩形，选择"动画"选项卡，在"动画"选项组中单击"其他"按钮，在"进入"组中选择"劈裂"效果，在"效果选项"中选择"中央向左右展开"，在"计时"选项组中将"开始"设置为"与上一动画同时"，"持续时间"设置为"01.00"，"延迟"设置为"00.00"，如图 7-19 所示。

图 7-19　为矩形添加动画

(15) 选中标题文本框，选择"动画"选项卡，在"动画"选项组中单击"其他"按钮，在"进入"组中选择"浮入"效果，在"效果选项"中选择移动方向为"上浮"，在"计时"选项组中将"开始"设置为"与上一动画同时"，"持续时间"设置为"01.00"，"延迟"设置为"00.50"，如图 7-20 所示。

图 7-20　为标题添加动画

(16) 选中副标题文本框，选择"动画"选项卡，在"动画"选项组中单击"其他"按钮，在"进入"组中选择"劈裂"效果，在"效果选项"中选择移动方向为"左右向中央收缩"，在"计时"选项组中将"开始"设置为"上一动画之后"，"持续时间"设置为

"01.00"，"延迟"设置为"00.00"，如图 7-21 所示。新建一张空白幻灯片，并插入素材图片"2-1.jpg"，调整图片大小，使其铺满整张幻灯片。

图 7-21　为副标题添加动画

(17) 然后插入素材图片"2-2.jpg"，选中该素材，选择"图片工具"下的"格式"选项卡，在"图片样式"选项组中单击"其他"按钮，在弹出的下拉列表中选择"柔化边缘矩形"选项，如图 7-22 所示。

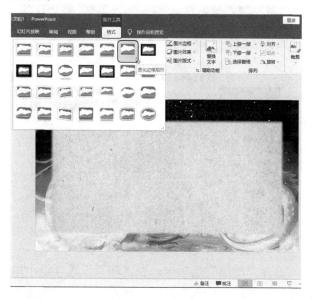

图 7-22　设置图片样式

(18) 选择素材图片"2-2.jpg"，选择"动画"选项卡，在"动画"选项组中单击"其他"按钮，在"进入"组中选择"淡出"效果，在"计时"选项组中将"开始"设置为"与上一动画同时"，"持续时间"设置为"01.00"，"延迟"设置为"00.00"，如图 7-23 所示。

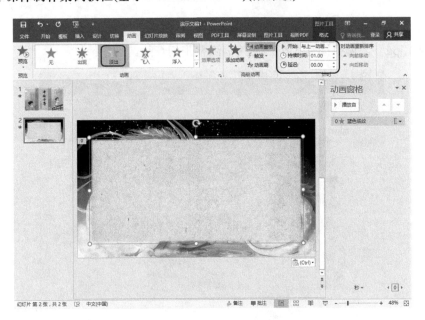

图 7-23　为"2-2.jpg"添加动画

(19) 绘制一个矩形，选中该矩形，选择"绘图工具"下的"格式"选项卡，在"形状样式"选项组中单击"形状填充"按钮，在弹出的下拉列表中选择"无填充颜色"，将"形状轮廓"的 RGB 值设置为 24、36、85，如图 7-24 所示。

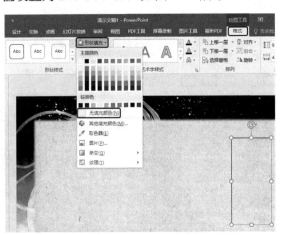

图 7-24　设置矩形格式

(20) 选中该矩形，选择"动画"选项卡，在"动画"选项组中单击"其他"按钮，在弹出的下拉列表中选择"更多进入效果"选项，在弹出的"更改进入效果"对话框中单击"基本型"选项组下的"楔入"按钮，单击"确定"按钮，在"计时"选项组中将"开始"设置为"上一动画之后"，"持续时间"设置为"00.50"，"延迟"设置为"00.00"，如图 7-25 所示。

(21) 选择"插入"选项卡，在"文本"选项组中单击"文本框"→"竖排文本框"按钮，在幻灯片中绘制文本框并输入标题，输入文字后选择文本框，在"开始"选项卡的

"字体"选项组中，将"字体"设置为"方正清刻本悦宋简体"，将"字号"设置为 80，将"字体颜色"设置为"蓝色，个性色 5，深色 50%"，效果如图 7-26 所示。

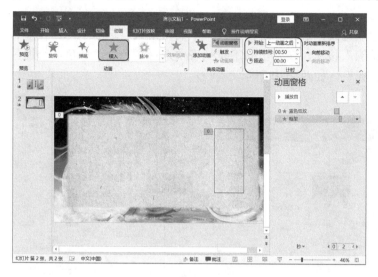

图 7-25　为矩形添加动画　　　　　　　图 7-26　输入并设置标题格式

(22) 选中该文本框，选择"动画"选项卡，在"动画"选项组中单击"其他"按钮，在"进入"组中选择"缩放"效果，在"计时"选项组中将"开始"设置为"上一动画之后"，"持续时间"设置为"00.50"，"延迟"设置为"00.00"，如图 7-27 所示。

(23) 选择"插入"选项卡，在"文本"组中单击"文本框"→"竖排文本框"按钮，在幻灯片中绘制文本框并输入文字。然后选择该文本框，在"开始"选项卡的"字体"选项组中，将"字体"设置为"微软雅黑"，将"字号"设置为 28，将"字体颜色"设置为"蓝色，个性色 1，深色 50%"，效果如图 7-28 所示。

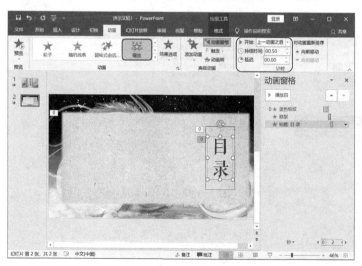

图 7-27　为标题添加动画　　　　　　　图 7-28　输入并设置文字格式

(24) 选中该文本框，选择"动画"选项卡，在"动画"选项组中单击"其他"按钮，在"进入"组中选择"擦除"效果，在"效果选项"中选择"自顶部"，在"计时"选项组中将"开始"设置为"上一动画之后"，"持续时间"设置为"00.50"，"延迟"设置为"00.00"，如图 7-29 所示。

(25) 绘制一条直线，选中该直线，选择"绘图工具"下的"格式"选项卡，在"形状样式"选项组中单击"形状轮廓"按钮，在弹出的下拉列表中选择颜色为"蓝色，个性色1，深色 50%"，粗细为"1.5 磅"，如图 7-30 所示。

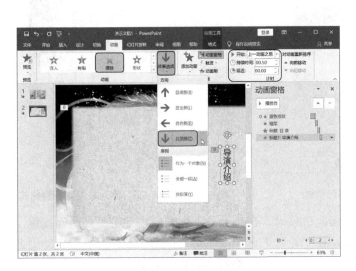

图 7-29　为文本框添加动画　　　　　　　　图 7-30　设置直线格式

(26) 选中该直线，选择"动画"选项卡，在"动画"选项组中单击"其他"按钮，在"进入"组中选择"擦除"效果，在"效果选项"中选择"自顶部"，在"计时"选项组中将"开始"设置为"上一动画之后"，"持续时间"设置为"00.50"，"延迟"设置为"00.00"，如图 7-31 所示。

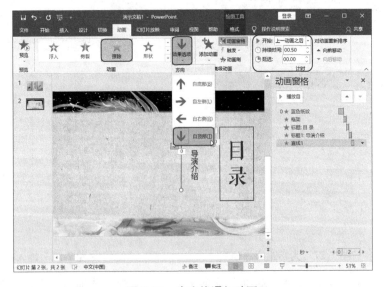

图 7-31　为直线添加动画

(27) 复制"导演介绍"文本框，在直线左侧粘贴四组，修改其中的文字。复制直线，在左侧粘贴三组，重复该操作，调整文本框与直线的位置，如图 7-32 所示。

图 7-32　复制并粘贴文本框和直线

(28) 复制的过程中，文本框与直线的动画也被一并复制过来，拖动调整各对象的动画顺序，使得文本框与直线按从右到左的顺序依次交替展示动画，动画窗格如图 7-33 所示。

(29) 新建一个空白幻灯片，切换至"设计"选项卡，在"自定义"选项组中单击"设置背景格式"按钮，在弹出的"设置背景格式"任务窗格中选中"纯色填充"单选按钮，填充颜色设置为"蓝色，个性色 1，淡色 80%"，单击"全部应用"按钮，如图 7-34 所示。

图 7-33　调整动画顺序

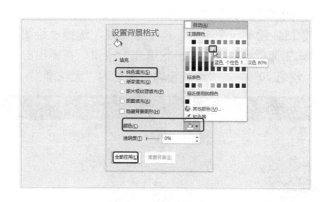

图 7-34　设置背景格式

(30) 绘制一个矩形，调整矩形的大小与位置，使得该矩形占满幻灯片的左侧一半。

(31) 选中该矩形，在"形状样式"选项组中，将"形状轮廓"设置为"无轮廓"，选择"绘图工具"下的"格式"选项卡，在"形状样式"选项组中单击"设置形状格式"按钮，弹出"设置形状格式"任务窗格。在"填充"选项组中，选中"渐变填充"单选按钮，将"类型"设置"线性"，"方向"设置"线性向右"，删除多余的渐变光圈，只保留两个，第一个渐变光圈的"颜色"设置为"白色"，"位置"设置为"84%"，"透明度"设置为"100%"，"亮度"设置为"0%"，如图 7-35 所示。

(32) 将第二个渐变光圈的"颜色"设置为"黑色，文字 1，淡色 50%"，"位置"设置为"100%"，"透明度"设置为"70%"，"亮度"设置为"50%"，如图 7-36 所示。

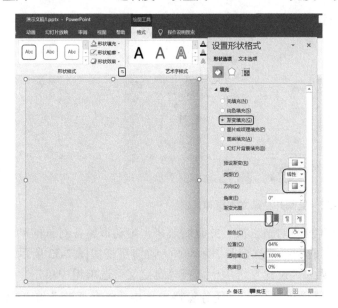

图 7-35　设置矩形形状格式

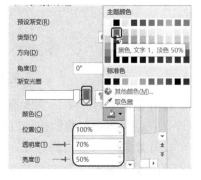

图 7-36　设置第二个渐变光圈

(33) 选中该矩形，选择"动画"选项卡，在"动画"选项组中单击"其他"按钮，在"进入"组中选择"擦除"效果，在"效果选项"中选择"自右侧"，在"计时"选项组中将"开始"设置为"与上一动画同时"，"持续时间"设置为"00.50"，"延迟"设置为"00.00"，如图 7-37 所示。

(34) 绘制一个矩形，选中该矩形，选择"绘图工具"下的"格式"选项卡，在"形状样式"选项组中单击"形状填充"按钮，在弹出的下拉列表中选择颜色为"蓝色，个性色 1，淡色 40%"，"形状轮廓"设置为"无轮廓"，如图 7-38 所示。

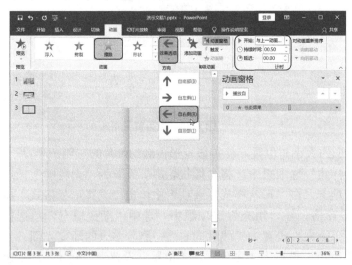

图 7-37　为矩形添加动画

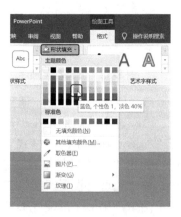

图 7-38　设置矩形形状样式

(35) 选中该矩形，选择"动画"选项卡，在"动画"选项组中单击"其他"按钮，在"进入"组中选择"形状"效果，在"计时"选项组中将"开始"设置为"上一动画之后"，"持续时间"设置为"00.50"，"延迟"设置为"00.00"，调整矩形的位置与大小，如图 7-39 所示。

(36) 选择"插入"选项卡，在"图像"选项组中单击"图片"按钮，弹出"插入图片"对话框，在该对话框中选择素材图片"3-1.jpg"，单击"插入"按钮，即可将选择的素材图片插入幻灯片中，如图 7-40 所示。

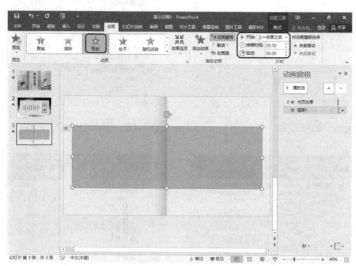

图 7-39　为矩形添加动画

图 7-40　插入图片"3-1.jpg"

(37) 选中素材图片"3-1.jpg"，选择"动画"选项卡，在"动画"选项组中单击"其他"按钮，在弹出的下拉列表中选择"更多进入效果"选项，在弹出的"更改进入效果"对话框中单击"基本型"选项组下"阶梯状"按钮，单击"确定"按钮。在"效果选项"中选择"右下"，在"计时"选项组中将"开始"设置为"上一动画之后"，"持续时间"设置为"00.50"，"延迟"设置为"00.00"，如图 7-41 所示。

(38) 继续插入素材图片"3-2.jpg"，调整素材的大小和位置，如图 7-42 所示。

(39) 选中素材图片"3-2.jpg"，选择"动画"选项卡，在"动画"选项组中单击"其他"按钮，在"动画"选项组中选择"浮入"效果，在"效果选项"中选择"下浮，在"计时"选项组中将"开始"设置为"上一动画之后"，"持续时间"设置为"00.50"，"延迟"设置为"00.00"，如图 7-43 所示。

(40) 绘制一个矩形，选中该矩形，选择"绘图工具"下的"格式"选项卡，在"形状样式"选项组中单击"形状填充"按钮，在弹出的下拉列表中选择颜色为"蓝-灰，文字2，淡色 60%"，"形状轮廓"设置为"无轮廓"，如图 7-44 所示。

(41) 选中该矩形，选择"动画"选项卡，在"动画"选项组中单击"其他"按钮，在"进入"组中选择"淡出"效果，在"计时"选项组中将"开始"设置为"上一动画之后"，"持续时间"设置为"00.50"，"延迟"设置为"00.00"，调整矩形的位置与大小，如图 7-45 所示。

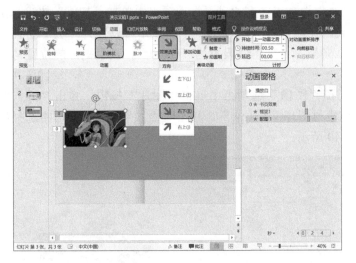

图 7-41 为 "3-1.jpg" 添加动画

图 7-42 插入图片 "3-2.jpg"

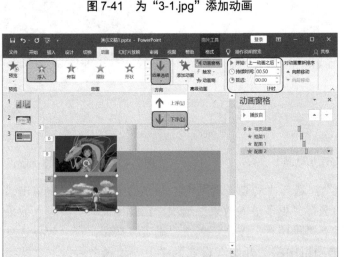

图 7-43 为 "3-2.jpg" 添加动画

图 7-44 设置矩形形状样式

(42) 选中该矩形，然后输入文字，文字会默认在矩形内部居中显示。选中输入的文字，在"开始"选项卡的"字体"选项组中，将"字体"设置为"方正宋刻本秀楷简体"，将"字号"设置为 24，将"字体颜色"设置为"白色"，效果如图 7-46 所示。

(43) 选择"插入"选项卡，在"文本"选项组中单击"文本框"→"横排文本框"按钮，在幻灯片中绘制文本框并输入文字。输入文字后选择文本框，在"开始"选项卡的"字体"选项组中将"字体"设置为"方正宋刻本秀楷简体"，将"字号"设置为 16，将"文字颜色"设置为黑色，效果如图 7-47 所示。

(44) 选中该文本框，选择"动画"选项卡，在"动画"选项组中单击"其他"按钮，在"进入"组中选择"浮入"效果，在"效果选项"中选择"上浮"，在"计时"选项组中将"开始"设置为"上一动画之后"，"持续时间"设置为"00.50"，"延迟"设置为"00.00"，如图 7-48 所示。

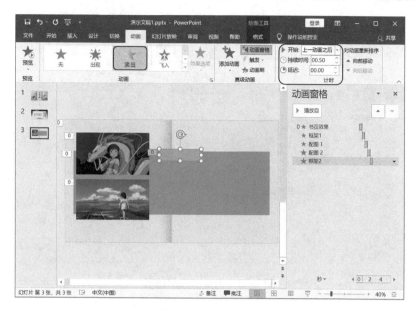

图 7-45 为矩形添加动画

图 7-46 输入并设置文字格式

图 7-47 输入并设置文字格式

(45) 绘制一个矩形，选中该矩形，选择"绘图工具"下的"格式"选项卡，在"形状样式"选项组中单击"形状填充"按钮，在弹出的下拉列表中选择"无填充颜色"，"形状轮廓"设置为"黑色"，"粗细"设置为"1 磅"，调整矩形的位置和大小，如图 7-49所示。

(46) 选中该矩形，选择"动画"选项卡，在"动画"选项组中单击"其他"按钮，并根据前面介绍的方法，为其添加"楔入"效果，在"计时"选项组中将"开始"设置为"上一动画之后"，"持续时间"设置为"00.50"，"延迟"设置为"00.00"。

(47) 选择"插入"选项卡，在"文本"选项组中单击"文本框" ▸ "横排文本框"按钮，在幻灯片中绘制文本框并输入文字。输入文字后选择文本框，在"开始"选项卡的"字体"选项组中将"字体"设置为"等线(正文)"，将"字号"设置为 54，将"文字颜色"设置为黑色，效果如图 7-50 所示。

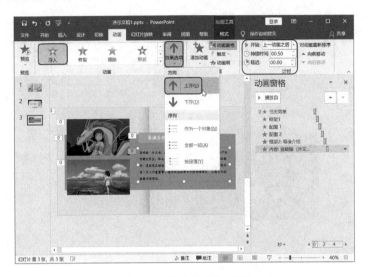

图 7-48　为文字添加动画

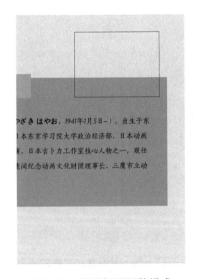

图 7-49　设置矩形形状样式

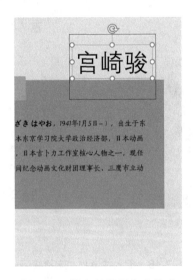

图 7-50　输入并设置文字格式

　　(48) 选中该文本框，选择"动画"选项卡，在"动画"选项组中单击"其他"按钮，在"进入"组中选择"缩放"效果，在"计时"选项组中将"开始"设置为"上一动画之后"，"持续时间"设置为"00.50"，"延迟"设置为"00.00"，如图 7-51 所示。

　　(49) 选择"插入"选项卡，在"文本"选项组中单击"文本框"→"横排文本框"按钮，在幻灯片中绘制文本框并输入文字。输入文字后选择文本框，在"开始"选项卡的"字体"选项组中将"字体"设置为"等线 Light(标题)"，将"字号"设置为 18，将"文字颜色"设置为黑色，如图 7-52 所示。

　　(50) 选中文字"天空之城"，选择"插入"选项卡，在"链接"选项组中单击"添加超链接"按钮，如图 7-53 所示。

　　(51) 在弹出来的"插入超链接"对话框中输入想要链接到的网页地址，例如"天空之城"的百科词条，单击"确定"按钮，如图 7-54 所示。

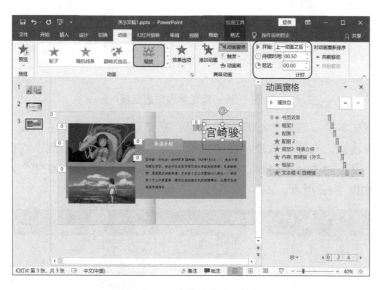

图 7-51　为文字添加动画

图 7-52　输入并设置文字格式

图 7-53　为文字添加超链接

图 7-54　链接到浏览器网址

　　(52) 继续选中其他作品，重复上述操作，分别添加超链接，添加完效果如图 7-55 所示。

图 7-55　为文字添加超链接

(53) 选中该文本框，选择"动画"选项卡，在"动画"选项组中单击"其他"按钮，在"进入"组中选择"擦除"效果，在"效果选项"中选择"自左侧"，在"计时"选项组中将"开始"设置为"上一动画之后"，"持续时间"设置为"00.50"，"延迟"设置为"00.00"，如图 7-56 所示。

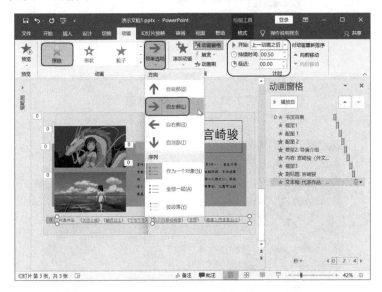

图 7-56　为文字添加动画

(54) 选中第三张幻灯片的书页阴影部分，单击鼠标右键，在弹出的快捷菜单中选择"置于顶层"命令，营造书页效果，如图 7-57 所示。

(55) 新建一个空白幻灯片，复制具有书页效果的矩形，粘贴到空白幻灯片的相同位置，此时该矩形的动画也被复制过来。

(56) 绘制一个矩形，选中该矩形，选择"绘图工具"下的"格式"选项卡，在"形状样式"选项组中单击"形状填充"按钮，在弹出的下拉列表中选择"无填充颜色"，"形状轮廓"设置为"蓝色，个性色 1，淡色 40%"，"粗细"设置为"1 磅"，调整矩形的位置和大小，如图 7-58 所示。

(57) 选中该矩形，选择"动画"选项卡，在"动画"选项组中单击"其他"按钮，并根据前面所介绍的方法为其添加"楔入"效果，在"计时"选项组中将"开始"设置为"上一动画之后"，"持续时间"设置为"00.50"，"延迟"设置为"00.00"，如图 7-59所示。

(58) 绘制一个矩形，选中该矩形，选择"绘图工具"下的"格式"选项卡，在"形状样式"选项组中单击"形状填充"按钮，在弹出的下拉列表中选择"蓝色，个性色 1，淡色 60%"，"形状轮廓"设置为"无轮廓"，调整矩形的位置和大小，如图 7-60 所示。

图 7-57　将矩形置于顶层

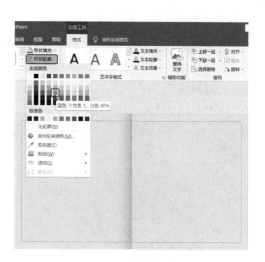

图 7-58　设置矩形形状样式

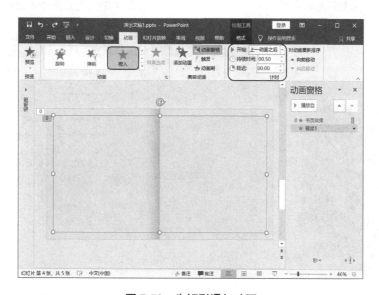

图 7-59　为矩形添加动画

(59) 选中该矩形，选择"动画"选项卡，在"动画"选项组中单击"其他"按钮，在"进入"组中选择"飞入"效果，将"效果选项"设置为自左侧，在"计时"选项组中将"开始"设置为"上一动画之后"，"持续时间"设置为"00.50"，"延迟"设置为"00.00"，如图 7-61 所示。

(60) 选择"插入"选项卡，在"图像"选项组中单击"图片"按钮，弹出"插入图片"对话框，在该对话框中选择素材图片"4.jpg"，单击"插入"按钮，即可将选择的素材图片插入幻灯片中，如图 7-62 所示。

(61) 选中素材图片"4.jpg"，选择"动画"选项卡，在"动画"选项组中单击"其他"按钮，并根据前面的方法添加"切入"效果，在"效果选项"中选择"自底部"，在"计时"选项组中将"开始"设置为"上一动画之后"，"持续时间"设置为"00.50"，"延迟"设置为"00.00"，如图 7-63 所示。

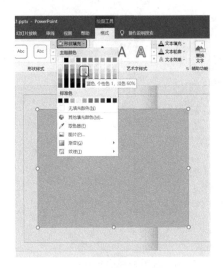

图 7-60　设置矩形形状样式

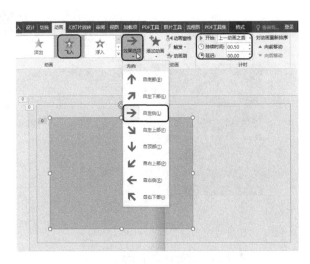

图 7-61　为矩形添加动画

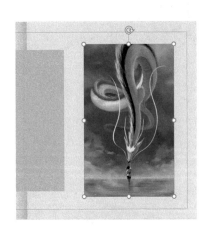

图 7-62　插入图片"4.jpg"

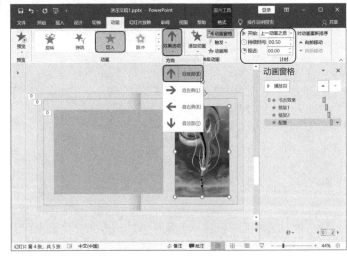

图 7-63　为"4.jpg"添加动画

(62) 选择"插入"选项卡，在"文本"选项组中单击"文本框"→"竖排文本框"按钮，在幻灯片中绘制文本框并输入标题。输入文字后选择文本框，在"开始"选项卡的"字体"选项组中，将"字体"设置为"等线(正文)"，将"字号"设置为 54，将"字体颜色"设置为黑色，效果如图 7-64 所示。

(63) 选中该文本框，选择"动画"选项卡，在"动画"选项组中单击"其他"按钮，在"进入"组中选择"浮入"效果，在"效果选项"中选择"上浮"，在"计时"选项组中将"开始"设置为"与上一动画同时"，"持续时间"设置为"00.50"，"延迟"设置为"00.00"，如图 7-65 所示。

(64) 选择"插入"选项卡，在"文本"选项组中单击"文本框"→"横排文本框"按钮，在幻灯片中绘制文本框并输入文字。在"开始"选项卡的"字体"选项组中，将"字体"设置为"方正宋刻本秀楷简体"，将第一行文字的"字号"设置为 28，其余文字的

"字号"设置为 16，对前两行的文字进行"加粗"处理，最后一行的文字设置文本居中，效果如图 7-66 所示。

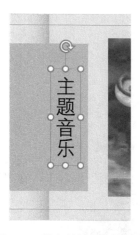

图 7-64　输入并设置文字格式

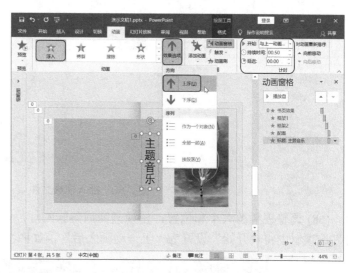

图 7-65　为文本添加动画

(65) 选中文本框，选择"动画"选项卡，在"动画"选项组中单击"其他"按钮，在"更多进入效果"中选择"阶梯状"效果，在"效果选项"中选择"右下"，在"计时"选项组中将"开始"设置为"上一动画之后"，"持续时间"设置为"00.50"，"延迟"设置为"00.00"，如图 7-67 所示。

图 7-66　输入并设置文字格式

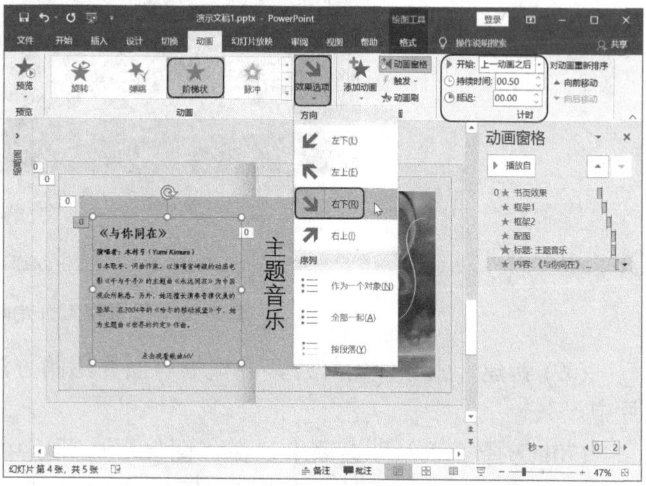

图 7-67　为文本添加动画

(66) 根据前面介绍的方法将阴影部分置于顶层。

(67) 新建一个空白幻灯片，选择"插入"选项卡，单击"媒体"选项组中的"视频"按钮，在弹出的下拉列表中单击"PC 上的视频"按钮，弹出"插入视频文件"对话框，选中"与你同在.mp4"素材文件，单击"插入"按钮，如图 7-68 所示。

图 7-68　插入视频文件

(68) 调整视频的大小和位置，使视频铺满整张幻灯片。选择"动画"选项卡，在"计时"选项组中将"开始"设置为"上一动画之后"，如图 7-69 所示。

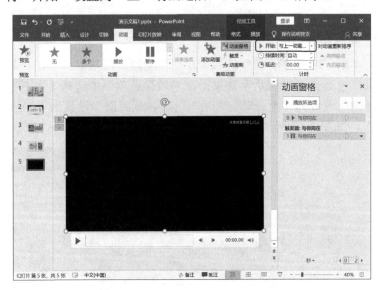

图 7-69　设置视频开始时间

(69) 新建一张空白幻灯片，并根据前面介绍的方法将书面阴影复制并粘贴至空白幻灯片中。

(70) 选择"插入"选项卡，在"图像"选项组中单击"图片"按钮，弹出"插入图片"对话框，在该对话框中选择素材图片"6-1.jpg"，单击"插入"按钮，即可将选择的素材图片插入幻灯片中，如图 7-70 所示。

(71) 选中素材图片"6-1.jpg"，选择"动画"选项卡，在"动画"选项组中单击"其他"按钮，在"进入"组中选择"浮入"效果，在"效果选项"中选择"上浮"，在"计时"选项组中将"开始"设置为"上一动画之后"，"持续时间"设置为"00.50"，"延迟"设置为"00.00"，如图 7-71 所示。

图 7-70　插入图片"6-1.jpg"

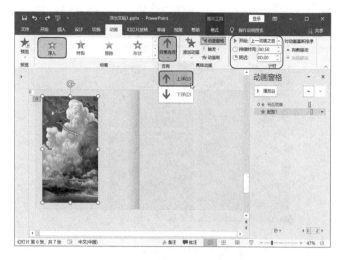

图 7-71　为"6-1.jpg"添加动画

(72) 继续插入素材图片"6-2.jpg"，调整素材的大小和位置，如图 7-72 所示。

(73) 选中素材图片"6-2.jpg"，选择"动画"选项卡，在"动画"选项组中单击"其他"按钮，在"更多进入效果"中选择"楔入"效果，在"计时"选项组中将"开始"设置为"上一动画之后"，"持续时间"设置为"00.50"，"延迟"设置为"00.00"，如图 7-73 所示。

图 7-72　插入图片"6-2.jpg"

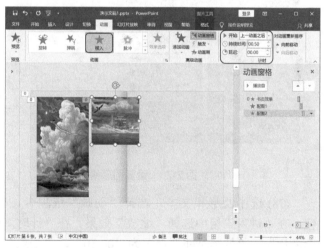

图 7-73　为"6-2.jpg"添加动画

(74) 继续插入素材图片"6-1.jpg"，调整素材的大小和位置，如图 7-74 所示。

(75) 选中素材图片"6-3.jpg"，选择"动画"选项卡，在"高级动画"选项组中单击"动画刷"按钮，当鼠标指针右侧出现一个刷子图形时，单击素材图片"6-3.jpg"，为其添加同样的动画，如图 7-75 所示。

(76) 在"插入"选项卡的"插图"选项组中单击"形状"按钮，在弹出的下拉列表中选择"椭圆"选项，按住 Shift 键绘制一个正圆。选中该圆形，选择"绘图工具"下的"格式"选项卡，在"形状样式"选项组中单击"形状填充"按钮，在弹出的下拉列表中选择"无填充颜色","形状轮廓"设置为黑色,调整圆形的位置和大小,如图 7-76 所示。

图 7-74 插入图片"6-3.jpg"

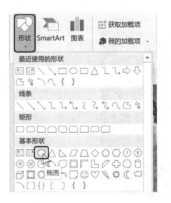

图 7-75 为"6-3.jpg"添加动画

(77) 选中该圆形,输入文字"千",选中文字,在"开始"选项卡的"字体"选项组中,将"字体"设置为"等线(正文)","字号"设置为 40,"字体颜色"设置为黑色,效果如图 7-77 所示。

图 7-76 设置圆形格式

图 7-77 输入并设置文字格式

(78) 选中圆形和文本,选择"动画"选项卡,在"动画"选项组中单击"其他"按钮,在"进入"组中选择"缩放"效果,在"计时"选项组中将"开始"设置为"上一动画之后","持续时间"设置为"00.50","延迟"设置为"00.00"。

(79) 复制圆形和文本,粘贴在正下方,修改其中的文字为"寻",如图 7-78 所示。

(80) 选择"插入"选项卡,在"文本"选项组中单击"文本框"→"竖排文本框"按钮,在幻灯片中绘制文本框并输入文字。选中文本框,在"开始"选项卡的"字体"选项组中,将"字体"设置为"方正宋刻本秀楷简体","字号"设置为 18,"字体颜色"设置为黑色,对前四个文字,即主角姓名进行"加粗"处理,效果如图 7-79 所示。

(81) 选中文本框,选择"动画"选项卡,在"动画"选项组中单击"其他"按钮,在"进入"组中选择"擦除"效果,在"效果选项"中选择"自右侧",在"计时"选项组中将"开始"设置为"上一动画之后","持续时间"设置为"00.50","延迟"设置为

"00.00"，如图 7-80 所示。

图 7-78　修改第二个圆形中的文字

图 7-79　输入并设置文字格式

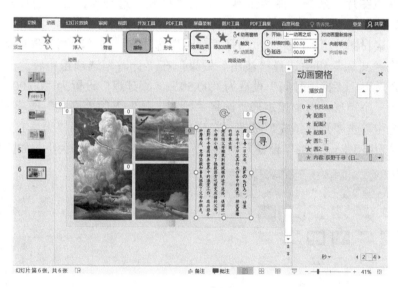

图 7-80　为文本添加动画

(82) 将书面阴影部分置于顶层，并新建一张空白幻灯片，将阴影部分复制并粘贴至空白幻灯片中。

(83) 绘制一个矩形，选中该矩形，选择"绘图工具"下的"格式"选项卡，在"形状样式"选项组中单击"形状填充"按钮，在弹出的下拉列表中选择"蓝色，个性色 1，淡色 60%"，"形状轮廓"设置为"无轮廓"，调整矩形的位置和大小，如图 7-81 所示。

(84) 选中该矩形，选择"动画"选项卡，在"动画"选项组中单击"其他"按钮，在"进入"组中选择"擦除"效果，在"效果选项"中选择"自右侧"，在"计时"选项组中将"开始"设置为"上一动画之后"，"持续时间"设置为"00.50"，"延迟"设置为"00.00"。

(85) 选择"插入"选项卡，在"图像"选项组中单击"图片"按钮，弹出"插入图片"对话框，在该对话框中选择素材图片"7-1.jpg"，单击"插入"按钮，即可将选择的素材图片插入幻灯片中，调整图片的大小和位置，如图 7-82 所示。

图 7-81　输入并设置文字格式　　　　　　　图 7-82　插入图片"7-1.jpg"

(86) 选中该图片，选择"图片工具"下的"格式"选项卡，在"图片样式"选项组中，单击"其他"按钮，在弹出的下拉列表中选择"柔化边缘矩形"，如图 7-83 所示。

(87) 选中素材图片"7-1.jpg"，选择"动画"选项卡，在"动画"选项组中单击"其他"按钮，在"进入"组中选择"淡出"效果，在"计时"选项组中将"开始"设置为"上一动画之后"，"持续时间"设置为"00.50"，"延迟"设置为"00.00"。

(88) 绘制一个矩形，选中该矩形，选择"绘图工具"下的"格式"选项卡，在"形状样式"选项组中单击"形状填充"按钮，在弹出的下拉列表中选择"无填充颜色"，"形状轮廓"设置为黑色，"粗细"设置为"1 磅"，调整矩形的位置和大小，如图 7-84 所示。

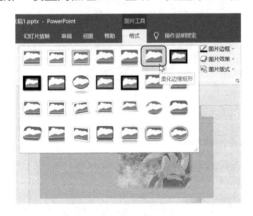

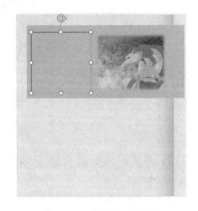

图 7-83　调整图片样式　　　　　　　　　　图 7-84　设置矩形格式

(89) 选中该矩形，输入标题文字"电影剧情"。选中文字，在"开始"选项卡的"字体"选项组中，将"字体"设置为"等线(正文)"，"字号"设置为 60，"字体颜色"设置为黑色，效果如图 7-85 所示。

(90) 选中该矩形，选择"动画"选项卡，在"动画"选项组中单击"其他"按钮，在"更多进入效果"中选择"楔入"效果，在"计时"选项组中将"开始"设置为"与上一动画同时"，"持续时间"设置为"00.50"，"延迟"设置为"00.00"，如图 7-86 所示。

(91) 选择"插入"选项卡，在"文本"选项组中单击"文本框"→"横排文本框"按钮，在幻灯片中绘制文本框并输入文字。在"开始"选项卡的"字体"选项组中，将"字体"设置为"方正宋刻本秀楷简体"，"字号"设置为 16，"字体颜色"设置为黑色，效果如图 7-87 所示。

图 7-85　输入并设置文字格式

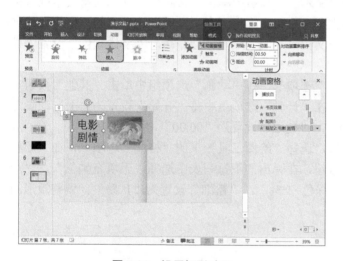

图 7-86　设置矩形动画

图 7-87　输入并设置文字格式

(92) 选中该文本框，选择"动画"选项卡，在"动画"选项组中单击"其他"按钮，在"进入"组中选择"浮入"效果，在"效果选项"中选择"下浮"，在"计时"选项组中将"开始"设置为"上一动画之后"，"持续时间"设置为"00.50"，"延迟"设置为"00.00"。

(93) 复制该文本框，粘贴在幻灯片右上方，修改幻灯片中的文字，此时动画也被一并复制过来，如图 7-88 所示。

(94) 选择"插入"选项卡，在"图像"选项组中单击"图片"按钮，弹出"插入图片"对话框，在该对话框中选择素材图片"7-2.jpg"，单击"插入"按钮，即可将选择的素材图片插入幻灯片中，如图 7-89 所示。

(95) 选中右侧内容文本框，选择"动画"选项卡，在"高级动画"选项组中单击"动画刷"按钮，当鼠标指针右侧出现一个刷子图形时，单击素材图片"7-2.jpg"，为其添加同样的动画，将"效果选项"修改为"上浮"。

图 7-88　设置矩形格式　　　　　　　　　　　图 7-89　插入图片"7-2.jpg"

(96) 将阴影部分置于顶层，并新建一张空白幻灯片，将阴影部分复制并粘贴至新建幻灯片中。

(97) 选择"插入"选项卡，在"文本"选项组中单击"文本框"→"横排文本框"按钮，在幻灯片中绘制文本框并输入文字。选中文本框，在"开始"选项卡的"字体"选项组中，将"字体"设置为"等线 (正文)"，"字号"设置为 36，"字体颜色"设置为黑色，效果如图 7-90 所示。

(98) 选中该文本框，选择"动画"选项卡，在"动画"选项组中单击"其他"按钮，在"进入"组中选择"缩放"效果，在"计时"选项组中将"开始"设置为"上一动画之后"，"持续时间"设置为"00.50"，"延迟"设置为"00.00"。

(99) 绘制一个矩形，选中该矩形，选择"绘图工具"下的"格式"选项卡，在"形状样式"选项组中单击"形状填充"按钮，在弹出的下拉列表中选择"无填充颜色"，"形状轮廓"设置为"蓝色，个性色 1，深色 25%"，"粗细"设置为"1 磅"，调整矩形的位置和大小，如图 7-91 所示。

图 7-90　输入文本"千与千寻"并设置文字格式　　　图 7-91　设置矩形格式

(100) 选中该矩形，选择"动画"选项卡，在"动画"选项组中单击"其他"按钮，在"进入"组中选择"劈裂"效果，在"效果选项"中选择"左右向中央收缩"，在"计时"选项组中将"开始"设置为"与上一动画同时"，"持续时间"设置为"00.50"，"延迟"设置为"00.00"，如图 7-92 所示。

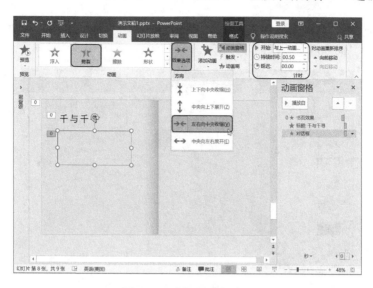

图 7-92　为矩形添加动画

(101) 选择"插入"选项卡，在"图像"选项组中单击"图片"按钮，弹出"插入图片"对话框，在该对话框中选择素材图片"白龙.png"，单击"插入"按钮，即可将选择的素材图片插入幻灯片中，如图 7-93 所示。

(102) 选中该图片，选择"图片工具"下的"格式"选项卡，在"调整"选项组中，单击"更正"按钮弹出下拉列表，在"亮度/对比度"组中选择"亮度：+20% 对比度：0%(正常)"，如图 7-94 所示。

图 7-93　插入图片"白龙.png"

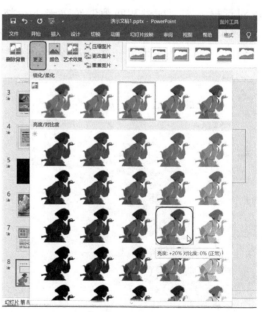

图 7-94　校正图片亮度/对比度

(103) 选中该图片，选择"动画"选项卡，在"动画"选项组中单击"其他"按钮，在"进入"组中选择"轮子"效果，在"效果选项"中选择"1 轮辐图案(1)"，在"计时"选项组中将"开始"设置为"与上一动画同时","持续时间"设置为"00.50","延迟"设置为"00.00",如图 7-95 所示。

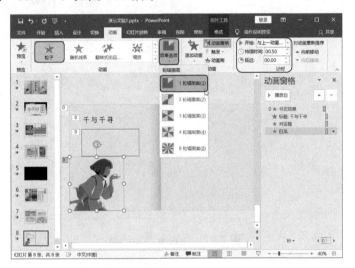

图 7-95　为"白龙.png"添加动画

(104) 选中矩形,输入文字。选中文字,在"开始"选项卡的"字体"选项组中,将"字体"设置为"方正宋刻本秀楷简体","字号"设置为 16,"字体颜色"设置为黑色,如图 7-96 所示。

(105) 选中文字,在"开始"选项卡的"段落"选项组中,单击"段落"按钮,弹出对话框,在"缩进和间距"选项卡下,将"对齐方式"设置为"左对齐",将"文本之前"设置为"0.2 厘米",将"行距"设置为"多倍行距",将"设置值"设置为"1.7",单击"确定"按钮,如图 7-97 所示。

图 7-96　设置文字字体格式

图 7-97　设置文字段落格式

(106) 最终文字效果如图 7-98 所示。

(107) 复制第七张幻灯片中的蓝色矩形,粘贴到"白龙.png"的右侧,此时该矩形的动画也被一并复制过来，调整矩形的大小和位置，如图 7-99 所示。

图 7-98 　文字效果

图 7-99 　调整矩形的大小和位置

(108) 复制第六张幻灯片中绘制的圆形，粘贴到幻灯片的右上方，此时该圆形的动画也被一并复制过来，修改其中的文字为"经"。继续粘贴三次，分别修改其中的文字为"典""台""词"，将"字体"均更改为"微软雅黑"调整圆形的大小和位置，如图 7-100 所示。

(109) 选择"插入"选项卡，在"文本"选项组中单击"文本框"→"横排文本框"按钮，在幻灯片中绘制文本框并输入台词。选中文本框，在"开始"选项卡的"字体"选项组中，将"字体"设置为"方正宋刻本秀楷简体"，"字号"设置为 16，"字体颜色"设置为黑色，效果如图 7-101 所示。

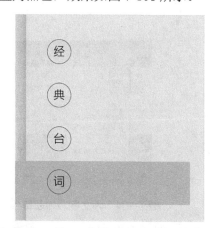

图 7-100 　调整圆形的大小和位置

图 7-101 　输入并设置文字格式

(110) 选中该文本框，选择"动画"选项卡，在"动画"选项组中单击"其他"选项，在"进入"组中选择"擦除"效果，在"效果选项"中选择"自左侧"，在"计时"选项组中将"开始"设置为"单击时"，"持续时间"设置为"01.00"，"延迟"设置为"00.00"，如图 7-102 所示。

图 7-102　为文字添加动画

(111) 复制该文本框，分别粘贴三次，修改文本框中的文字，此时该文本框的动画也被一并复制过来，调整文本框的大小和位置，如图 7-103 所示。

(112) 将书页阴影部分置于顶层。

(113) 切换到第二张幻灯片，选中文字"导演介绍"，选择"插入"选项卡，在"链接"选项组中单击"超链接"按钮，如图 7-104 所示。

图 7-103　复制、粘贴文本框

图 7-104　为文字添加超链接

(114) 弹出"插入超链接"对话框，在左侧单击"本文档中的位置"，然后选择链接到"幻灯片 3"，单击"确定"按钮，如图 7-105 所示。

(115) 超链接添加完成后，字体颜色变为蓝色，并且多了一条下画线，如图 7-106 所示。

(116) 继续按顺序分别选中文字"主题音乐""故事主角""电影剧情""经典台词"，重复上述操作，分别添加超链接到幻灯片 4、幻灯片 6、幻灯片 7 和幻灯片 8，添加完成的效果如图 7-107 所示。

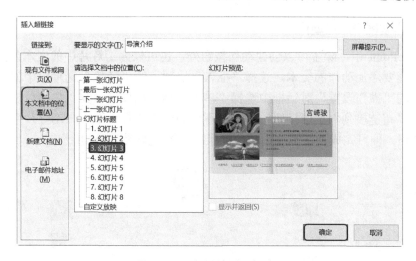

图 7-105　超链接到幻灯片 3

图 7-106　为文字添加超链接

图 7-107　为其他文字添加超链接

任务 2　创 建 动 作

创建动作.mp4

在 PowerPoint 中，既可以为幻灯片、幻灯片中的文本或对象创建超链接，也可以创建动作。

1. 创建动作按钮

用户可以将动作按钮添加到演示文稿中，然后定义如何在幻灯片的放映过程中使用它。

在幻灯片中选择需要建立动作的对象，单击"插入"选项卡的"插图"选项组中的"形状"按钮，在弹出的下拉列表中选择"动作按钮"组中的"动作按钮：上一张"按钮。返回幻灯片中，按住鼠标左键并拖曳，绘制出按钮。松开鼠标左键后，弹出"操作设置"对话框，在"单击鼠标"选项卡中选择"超链接到"下拉列表中的"上一张幻灯片"选项。单击"确定"按钮，即可看到添加的按钮，如图 7-108 所示。在播放幻灯片时单击该按钮，即可跳转到上一张幻灯片。

提示：　如果绘制的动作按钮无法显示，可在绘制的动作按钮上单击鼠标右键，在弹出的快捷菜单中选择"形状格式"命令，设置其"线条颜色"为"实线"即可。

2. 为文本或图形添加动作

在 PowerPoint 中,除了可以创建动作按钮外,也可以为幻灯片中的文本或图形添加动作。首先选择要添加动作的文本,选择"插入"选项卡的"链接"选项组中的"动作"按钮,在弹出的"操作设置"对话框中选择"单击鼠标"选项卡,在"单击鼠标时的动作"区域中选中"超链接到"单选按钮,并在其下拉列表中选择"下一张幻灯片"选项,单击"确定"按钮,即可完成为文本添加动作按钮的操作,如图 7-109 所示。

图 7-108　完成后效果　　　　　　　　　　图 7-109　为文本添加动作按钮

任务实践

(1) 切换至第四张幻灯片,单击"插入"选项卡的"插图"选项组中的"形状"按钮,在弹出的下拉列表中选择"动作按钮"组中的"动作按钮:前进或下一项"按钮,如图 7-110 所示。

(2) 返回幻灯片中,按住鼠标左键并拖曳,绘制出按钮。松开鼠标左键后,弹出"操作设置"对话框,在"单击鼠标"选项卡中选中"超链接到"单选按钮,并在其下拉列表中选择"下一张幻灯片"选项,如图 7-111 所示。

图 7-110　选择"动作按钮:前进或下一项"按钮　　　　图 7-111　"操作设置"对话框

（3）单击"确定"按钮，即可看到添加的按钮，如图 7-112 所示。在播放幻灯片时单击该按钮，即可跳转到下一张幻灯片。

（4）切换至第三张幻灯片，选中要创建超链接的图片"3-2.jpg"，单击"插入"选项卡下"链接"选项组中的"动作"按钮，如图 7-113 所示。

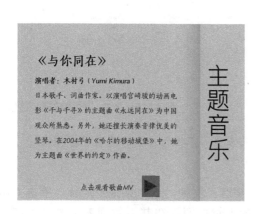

图 7-112　完成后效果

图 7-113　单击"动作"按钮

（5）在弹出的"操作设置"对话框中选择"单击鼠标"选项卡，在"单击鼠标时的动作"区域中选中"超链接到"单选按钮，并在其下拉列表中选择"上一张幻灯片"选项。

（6）单击"确定"按钮，即可完成为图片添加超链接动作的操作。

任务 3　添加切换效果及设置

知识储备

1. 添加切换效果

幻灯片切换时产生的类似动画的效果，可以使幻灯片在放映时更加生动形象。例如，打开需要的文件，选择第一张幻灯片，作为要设置切换效果的幻灯片。单击"切换"选项卡下"切换到此幻灯片"选项组中的"其他"按钮，在弹出的下拉列表中选择"细微型"下的"切出"切换效果，如图 7-114 所示，即可自动预览该效果。

2. 设置切换效果

如果对切换效果不满意，还可以进行调整。具体的操作步骤如下。

（1）设置切换效果。

PowerPoint 2016 中的部分切换效果具有可自定义的属性，我们可以对这些属性进行自定义设置。例如，单击"切换"选项卡下"切换到此幻灯片"选项组中的"效果选项"按钮，在弹出的下拉列表中选择其他选项，可以更换切换效果的形状，如图 7-115 所示。

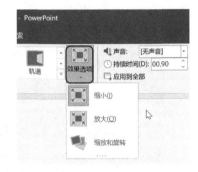

图 7-114　添加切换效果　　　　　图 7-115　单击"效果选项"按钮

提示：　幻灯片添加的切换效果不同，"效果选项"下拉列表中的选项也不相同。

(2)　添加切换效果声音。

如果想使切换的效果更逼真，可以为其添加声音。例如，选中某张幻灯片，单击"切换"选项卡下"计时"选项组中"声音"右侧的下拉按钮，在其下拉列表中选择"打字机"选项，在切换幻灯片时将会自动播放该声音，如图 7-116 所示。

(3)　设置切换效果计时。

用户可以设置切换幻灯片的持续时间，从而控制切换的速度。例如，选中某张幻灯片，单击"切换"选项卡下"计时"选项组中"持续时间"微调按钮来设置切换效果持续的时间，如图 7-117 所示。

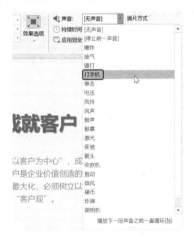

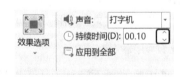

图 7-116　选择"打字机"选项　　　　　图 7-117　设置"持续时间"

(4)　设置切换方式。

用户在播放幻灯片时，可以根据需要设置幻灯片切换的方式，例如自动换片时间或单击鼠标时换片等。一般情况下，在"切换"选项卡下"计时"选项组中的"换片方式"下选中"单击鼠标时"复选框，则播放幻灯片时，通过单击鼠标可切换幻灯片，如图 7-118 所示。

若选中"设置自动换片时间"复选框，并设置了时间，那么，在播放幻灯片时，经过所设置的秒数后，就会自动地切换到下一张幻灯片，如图 7-119 所示。

图 7-118　选中"单击鼠标时"复选框

图 7-119　选中"设置自动换片时间"复选框

任务实践

(1)　选中第一张幻灯片，单击"切换"选项卡下"切换到此幻灯片"选项组中的"其他"按钮，在弹出的下拉列表中选择"华丽型"下的"帘式"切换效果，如图 7-120 所示，即可自动预览该效果。

(2)　选择"切换"选项卡下"计时"选项组中"声音"右侧的下拉按钮，在其下拉列表中选择"风铃"选项，在切换幻灯片时，将会自动播放该声音，如图 7-121 所示。

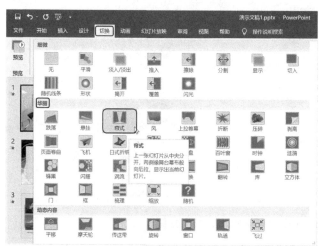

图 7-120　选择"帘式"切换效果

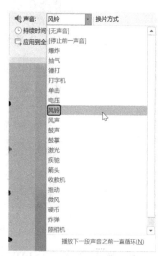

图 7-121　选择"风铃"选项

(3)　在"切换"选项卡下，在"计时"选项组中"持续时间"微调框中输入 06.00，如图 7-122 所示。

图 7-122　设置"持续时间"

任务 4　将演示文稿发布为其他格式

将演示文稿发布
为其他格式.mp4

知识储备

利用 PowerPoint 2016 的保存并发送功能，可以将演示文稿创建为 PDF 文档、Word 文档或视频，还可以将演示文稿打包为 CD。

1. 创建为 PDF 文档

对于希望保存的幻灯片，如果不想让他人修改，但还希望能够轻松共享和打印这些文件，则可以使用 PowerPoint 2016 将文件转换为 PDF 或 XPS 格式，而无须其他软件或加载项。创建为 PDF 文档的具体操作步骤如下。

(1) 单击"文件"菜单，选择"导出"→"创建 PDF/XPS 文档"菜单命令，并单击右侧的"创建 PDF/XPS"按钮，如图 7-123 所示。

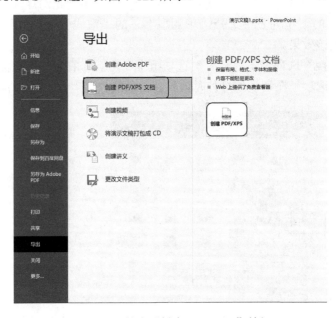

图 7-123　单击"创建 PDF/XPS"按钮

(2) 弹出"发布为 PDF 或 XPS"对话框，在"保存位置"列表框和"文件名"文本框中选择保存的路径，并输入文件名称，如图 7-124 所示。

(3) 单击"发布"按钮，系统开始自动发布幻灯片文件，发布完成后，即可查看 PDF 文件。

2. 创建为 Word 文档

将演示文稿创建为 Word 文档，就是将演示文稿创建为可以在 Word 软件中编辑和设置格式的讲义。

(1) 单击"文件"菜单，选择"导出"→"创建讲义"命令，并单击右侧的"创建讲义"按钮，如图 7-125 所示。

图 7-124　"发布为 PDF 或 XPS"对话框

（2）弹出"发送到 Microsoft Word"对话框，在"Microsoft Word 使用的版式"区域中，选中"备注在幻灯片下"单选按钮，如图 7-126 所示。

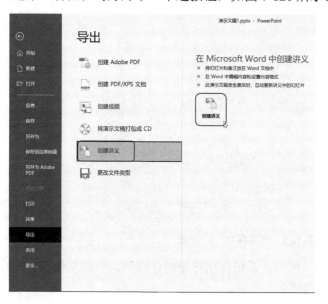

图 7-125　单击"创建讲义"按钮

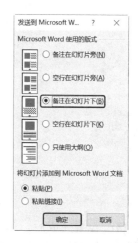

图 7-126　"发送到 Microsoft Word"对话框

（3）单击"确定"按钮，系统自动启动 Word，并将演示文稿转换成 Word 文档，然后保存此 Word 文档即可。

3. 创建为视频文件

将演示文稿创建为视频文件的具体操作方法如下。

（1）单击"文件"菜单，选择"导出"→"创建视频"命令，并在"放映每张幻灯片的秒数"微调框中设置放映每张幻灯片的时间，如图 7-127 所示。

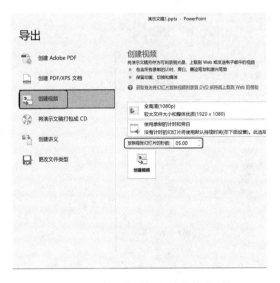

图 7-127　设置放映每张幻灯片的时间

(2) 单击"创建视频"按钮，弹出"另存为"对话框，如图 7-128 所示，分别设置保存路径和文件名。

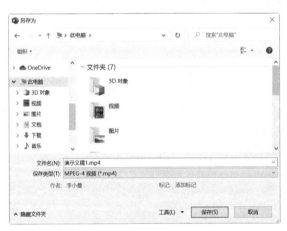

图 7-128　"另存为"对话框

(3) 设置完成后，单击"保存"按钮，系统自动开始制作视频。根据文件保存的路径找到制作好的视频文件，并播放该视频文件查看。

任务实践

(1) 切换效果设置完成后，将演示文稿创建为视频。

(2) 单击"文件"菜单，选择"导出"→"创建视频"命令，并在"放映每张幻灯片的秒数"微调框中设置放映每张幻灯片的时间为 5，如图 7-129 所示。

(3) 单击"创建视频"按钮，弹出"另存为"对话框，选择合适的保存位置，单击"保存"按钮，系统自动开始制作视频。

图 7-129　设置放映每张幻灯片的时间

上机实训　制作美食甜品演示文稿

制作美食甜品
演示文稿.mp4

1. 实训背景

不少餐厅都推出了各式各样的甜品，受到了广大消费者的青睐。一份图文并茂的甜品介绍演示文稿，可以让你自己在家就能制作美味的甜品。请制作一份主题为杨枝甘露的演示文稿，演示内容包括甜品介绍、制作方法和注意事项。

2. 实训内容和要求

本实训将着重介绍如何为演示文稿添加超链接。首先设置首页幻灯片的文字链接，然后设置幻灯片切换效果，素材及效果如图 7-130 和图 7-131 所示。

3. 实训步骤

(1) 启动 PowerPoint 2016，在启动界面中单击左侧的"打开其他演示文稿"选项，在右侧单击 "浏览"按钮，在弹出的对话框中选择"素材\Cha07\杨枝甘露.pptx"素材文件，单击"打开"按钮，即可打开素材文件。

(2) 在第 1 张幻灯片中，选择"甜品介绍"文字，切换到"插入"选项卡，单击"链接"组中的"超链接"按钮。

(3) 在弹出的"插入超链接"对话框中，在"链接到"列表中选择"本文档中的位置"，在"请选择文档中的位置"列表中选择"幻灯片标题"→"2.幻灯片 2"，然后单击"确定"按钮，如图 7-132 所示。

(4) 使用相同的方法设置其他文字的链接。

(5) 切换至第二张幻灯片，单击"插入"选项卡"插图"选项组中的"形状"按钮，在弹出的下拉列表中单击"动作按钮"组中的"动作按钮：上一张"按钮。

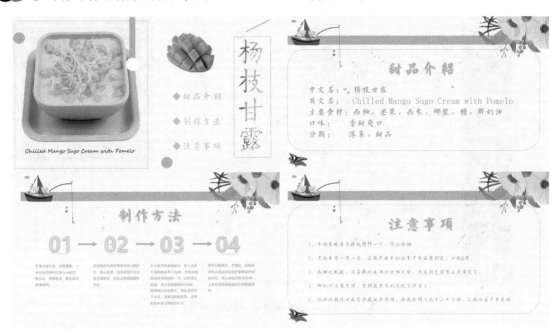

图 7-130　素材

图 7-131　效果

(6)　返回到幻灯片中，按住鼠标左键并拖曳，绘制出按钮。松开鼠标左键后，弹出"操作设置"对话框，在"单击鼠标"选项卡中选择"超链接到"下拉列表中的"上一张幻灯片"选项，如图 7-133 所示。

(7)　切换至第三张幻灯片，单击"插入"选项卡"插图"选项组中的"形状"按钮，在弹出的下拉列表中单击"动作按钮"组中的"动作按钮：开始"按钮。

图 7-132　超链接到幻灯片 2

图 7-133　超链接到上一张幻灯片

(8)　返回到幻灯片中，按住鼠标左键并拖曳，绘制出按钮。松开鼠标左键后，弹出"操作设置"对话框，在"单击鼠标"选项卡中选择"超链接到"下拉列表中的"第一张幻灯片"选项。

(9)　使用同样的方法，为第四张幻灯片添加"动作按钮：开始"，并超链接至第一张幻灯片。

(10) 选中第二至第四张幻灯片中的动作按钮，切换至绘图工具下的"格式"选项卡，在"形状样式"选项组的"形状填充"中，将按钮的颜色设置为橙色。

(11) 切换至"设计"选项卡，单击"变体"选项组中的下拉箭头按钮，选择"颜色"→"自定义颜色"选项，如图 7-134 所示。

(12) 在弹出的"新建主题颜色"对话框中，将"超链接"颜色设置为橙色，然后将"名称"设置为"自定义超链接"，单击"保存"按钮，如图 7-135 所示。

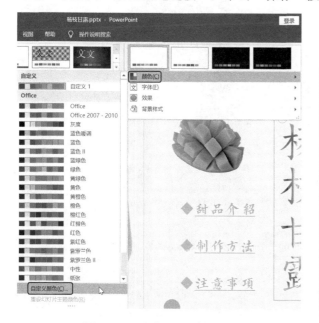

图 7-134　自定义超链接颜色

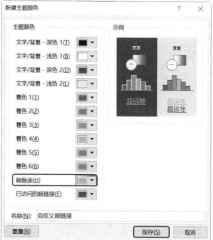

图 7-135　将"超链接"颜色设置为橙色

(13) 选择第一张幻灯片,作为要设置切换效果的幻灯片。

(14) 单击"切换"选项卡下"切换到此幻灯片"选项组中的"其他"按钮,在弹出的下拉列表中选择"华丽型"下的"帘式"切换效果,即可自动预览该效果。

(15) 选择"切换"选项卡下"计时"选项组中"声音"右侧的下拉按钮,在其下拉列表中选择"风铃"选项,在切换幻灯片时,将会自动播放该声音。

(16) 选择第二张幻灯片,作为要设置切换效果的幻灯片。

(17) 单击"切换"选项卡下"切换到此幻灯片"选项组中的"其他"按钮,在弹出的下拉列表中选择"动态内容"下的"窗口"切换效果,即可自动预览该效果。

(18) 为第三、四张幻灯片分别添加"传送带"和"擦除"效果。

(19) 为第二、三、四张幻灯片添加"风声"音效。

习　　题

简答题

(1)　如何设置超链接?

(2)　如何创建动作?

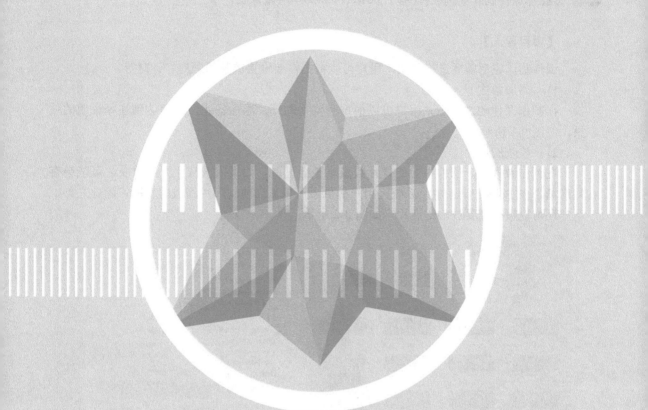

项目 8

个人简历的制作——放映管理课件

【项目导入】

课件制作完后需要进行放映,用户可以根据需要设置放映的顺序、计时等。

1) 添加备注

在制作课件的过程中,用户可以根据需要为幻灯片添加备注,从而达到注释说明的效果,如图 8-1 所示。

2) 放映幻灯片

在制作课件时,课件中的幻灯片数量难免会过多,如果依次从头开始放映,可能会有些麻烦,在 PowerPoint 中,系统为用户提供了可以从当前幻灯片播放的功能,除此之外,用户还可以根据需要放映幻灯片,如图 8-2 所示。

图 8-1 添加备注   图 8-2 "设置放映方式"对话框

【项目分析】

PowerPoint 2016 具有强大的幻灯片放映管理功能,并且提供了多种放映和控制幻灯片放映的方法,用户可以根据演示的需要选择合适的幻灯片放映方式,从而使演示文稿结构清晰,操作简便。在本项目中,将对其进行简单的介绍。

【能力目标】

(1) 掌握如何添加备注。
(2) 掌握如何排练计时。

【知识目标】

(1) 掌握如何放映幻灯片。
(2) 掌握如何设置幻灯片的放映时间。

任务 1　添 加 备 注

添加备注.mp4

知识储备

使用演讲者备注，可以详尽阐述幻灯片中的要点。好的备注既可以帮助演示者引领观众思绪，又可以防止幻灯片上的文本泛滥。

1. 为幻灯片添加备注

创作幻灯片的内容时，可以在幻灯片下方的"备注"窗格中添加备注，这样可以详尽展示幻灯片的内容。演讲者可以将这些备注打印出来，在演示过程中作为参考。

首先随意插入几张幻灯片，选中第一张幻灯片，在下方单击"备注"按钮 ，在"单击此处添加备注"处单击，输入备注内容。将鼠标指针指向"备注"窗格的上边框。当指针变为双向箭头时，向上拖动边框可以增大备注空间，如图 8-3 所示。

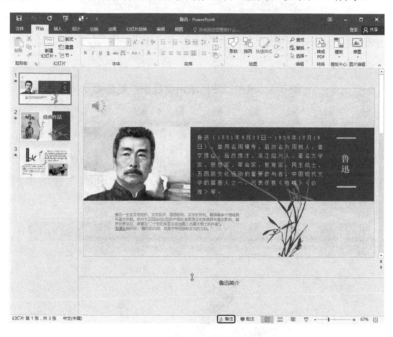

图 8-3　拖动边框缩放空间

提示： 单击底部状态栏上的"备注"按钮或"视图"选项卡下"显示"选项组中的"备注"按钮，可显示或隐藏备注窗格。

2. 使用演示者视图

为演示文稿添加备注后，放映幻灯片时，演示者可以使用演示者视图在另一台监视器上查看备注内容。

在使用演示者视图放映时，演示者可以通过预览文本浏览到下一次单击将添加到屏幕上的内容，演讲者备注内容以清晰的大字体显示，以便演示者查看。

提示： 使用演示者视图，必须保证进行演示的计算机能够支持两台以上的监视器，而且 PowerPoint 对于演示文稿最多支持使用两台监视器。

选中"幻灯片放映"选项卡"监视器"选项组中的"使用演示者视图"复选框，即可使用演示者视图来放映幻灯片，如图 8-4 所示。

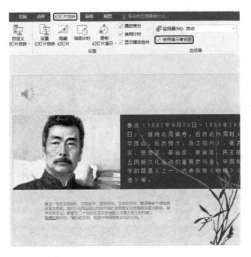

图 8-4　选中"使用演示者视图"复选框

任务实践

(1)　打开"素材\Cha08\个人简介素材.ppt"文件，单击下方的"备注"按钮 ，在幻灯片下方的"单击此处添加备注"处添加备注，并在"开始"选项卡的"段落"选项组中单击"居中"按钮 ，如图 8-5 所示。

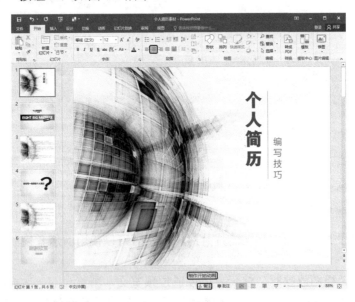

图 8-5　添加备注

(2)　选择第二张幻灯片，在幻灯片下方的"单击此处添加备注"处添加备注，并将其居中，如图 8-6 所示，使用同样的方法为其他幻灯片添加备注。

图 8-6　为第二张幻灯片添加备注

任务 2　为动画效果排练计时

为动画效果进行
排练计时.mp4

知识储备

作为一名演示文稿的制作者，在公共场合演示时，需要掌握好时间，为此，需要测定幻灯片放映时的停留时间。

提示：　在放映的过程中，需要临时查看或跳到某一张幻灯片时，可通过"录制"对话框中的按钮来实现。

- "下一项"按钮 ：切换到下一张幻灯片。
- "暂停"按钮 ：暂时停止计时后，再次单击会恢复计时。
- "重复"按钮 ：重复排练当前幻灯片。

任务实践

(1)　在幻灯片中选择直线，然后选择"动画"选项卡，在"动画"选项组中，单击"其他"按钮 ，在弹出的下拉列表中选择"擦除"选项，如图 8-7 所示，即可为直线添加该动画。

(2)　在"动画"选项组中单击"效果选项"按钮，在弹出的下拉列表中选择"自顶部"选项，如图 8-8 所示。

图 8-7 添加动画

(3) 在"计时"选项组中将"开始"设置为"与上一动画同时",将"持续时间"设置为 01.00,如图 8-9 所示。

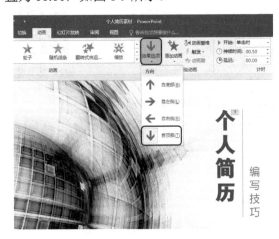

图 8-8 设置效果选项

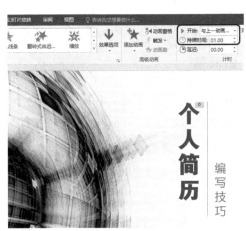

图 8-9 设置动画时间

(4) 选择"个人简历"文本框,在"动画"选项组中为其添加"擦除"动画效果,然后将"效果选项"设置为"自右侧",如图 8-10 所示。

(5) 在"计时"选项组中将"开始"设置为"与上一动画同时",将"持续时间"设置为 01.00,将"延迟"设置为 00.20,如图 8-11 所示。

(6) 结合前面介绍的方法,为"编写技巧"文本框添加动画,并对动画进行设置,效果如图 8-12 所示。

(7) 选择"切换"选项卡,在"计时"选项组中取消勾选"单击鼠标时"复选框,勾选"设置自动换片时间"复选框，将时间设置为 00:05.02，如图 8-13 所示。

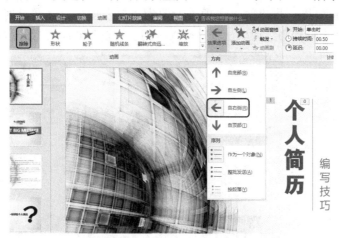

图 8-10　添加动画

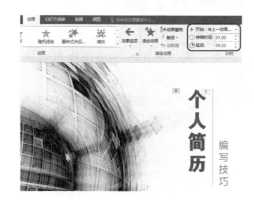

图 8-11　设置动画时间

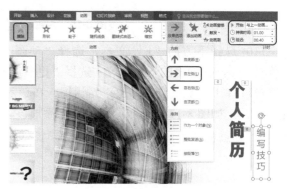

图 8-12　添加并设置动画

（8）选择第二张幻灯片，选择"个人简历编写"文字，选择"动画"选项卡，在"动画"选项组中单击"淡出"选项，即可为选中的文字添加该动画，然后在"计时"选项组中将"开始"设置为"与上一动画同时"，将"持续时间"设置为 01.00。使用同样的方法为 Resume Writing 文字添加动画效果，如图 8-14 所示。

图 8-13　设置换片方式

图 8-14　添加并设置动画

(9) 选择在下方绘制的"矩形",选择"动画"选项卡,在"动画"选项组中为矩形添加"擦除"动画效果,将"效果选项"设置为"自左侧",在"计时"选项组中,将"开始"设置为"上一动画之后",将"持续时间"设置为 00.40,如图 8-15 所示。

图 8-15　为矩形添加并设置动画

(10) 选择下方的"E"文本,选择"动画"选项卡,在"动画"选项组中单击"其他"按钮 ，在弹出的下拉列表中选择"更多进入效果"选项,如图 8-16 所示。

(11) 弹出"更改进入效果"对话框,在该对话框中选择"基本旋转"动画,单击"确定"按钮,如图 8-17 所示,即可为文字添加该动画。

图 8-16　选择"更多进入效果"选项

图 8-17　选择"基本旋转"动画

(12) 在"计时"选项组中将"开始"设置为"上一动画之后",将"持续时间"设置为 00.50,将"延迟"设置为 00.10,如图 8-18 所示。

图 8-18　设置动画

提示：　单击"计时"选项组中的"开始"右侧的下三角按钮，在弹出的下拉列表中
选择一种方式。

① 单击时：选择此选项，则当幻灯片放映到动画效果序列中的该动画时，
单击鼠标才开始显示动画效果，否则将一直停在此位置，等待单击鼠标激活。

② 与上一动画同时：选择此选项，则该动画效果将与前一个动画效果同时
发生。

③ 上一动画之后：选择此选项，则该动画效果将在前一个动画效果播放完时
发生。

(13) 选择其他英文文本，为其添加动画，在"计时"选项组中将"开始"设置为"与
上一动画同时"，"持续时间"设置为 00.50，将"延迟"从 00.20 至 01.50 依次设置，如
图 8-19 所示。

(14) 选择"八大误区"组合对象，选择"动画"选项卡，在"动画"选项组中单击
"其他"按钮，在弹出的下拉列表中选择"更多进入效果"选项，弹出"更改进入效
果"对话框，在该对话框中选择"基本缩放"动画，单击"确定"按钮，即可为组合对象
添加该动画，如图 8-20 所示。

图 8-19　对其他文本进行设置

图 8-20　选择"基本缩放"动画

(15) 在"动画"选项组中将"效果选项"设置为"切出",在"计时"选项组中将"开始"设置为"上一动画之后",将"持续时间"设置为 00.50,将"延迟"设置为 00.40,如图 8-21 所示。

(16) 按 Ctrl+D 组合键复制组合对象,将复制后的组合对象与原组合对象对齐,在"计时"选项组中,将"开始"设置为"与上一动画同时",如图 8-22 所示。

图 8-21　设置动画

图 8-22　复制并设置组合对象

(17) 确认复制后的组合对象处于选择状态,单击鼠标右键,在弹出的快捷菜单中选择"置于底层"→"下移一层"命令,如图 8-23 所示,即可将复制后的组合对象下移一层。

(18) 在幻灯片中选择原组合对象,在"高级动画"选项组中单击"添加动画"按钮，在弹出的下拉列表中选择"退出"下的"淡出"选项,如图 8-24 所示。

图 8-23　选择"置于底层"子菜单下的
"下移一层"命令

图 8-24　添加"淡出"动画

(19) 在"计时"选项组中将"开始"设置为"上一动画之后",将"持续时间"设置为 00.20,如图 8-25 所示。

(20) 再次单击"添加动画"按钮,在弹出的下拉列表中选择"强调"下的"放大/缩小"选项,如图 8-26 所示。

图 8-25　设置动画

图 8-26　添加"放大/缩小"动画

(21) 在"高级动画"选项组中单击"动画窗格"按钮 动画窗格,在弹出的"动画窗格"任务窗格中选择新添加的"放大/缩小"动画,并单击其右侧的 按钮,在弹出的下拉列表中选择"效果选项",如图 8-27 所示。

(22) 弹出"放大/缩小"对话框,将"尺寸"设置为 180%,如图 8-28 所示。

图 8-27　选择"效果选项"

图 8-28　设置尺寸

(23) 在"计时"选项卡中将"开始"设置为"与上一动画同时",将"期间"设置为

0.2，单击"确定"按钮，如图 8-29 所示。

(24) 选择"切换"选项卡，在"切换到此幻灯片"选项组中单击"其他"按钮，在弹出的下拉列表中选择"平移"切换效果，如图 8-30 所示。

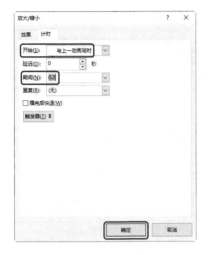

图 8-29　设置动画时间

图 8-30　选择"平移"切换效果

(25) 在"计时"选项组中取消选中"单击鼠标时"复选框，然后选中"设置自动换片时间"复选框，将时间设置为 00:08.44，如图 8-31 所示。

(26) 选择第三张幻灯片，选中上方的图片，然后选择"动画"选项卡，在"动画"选项组中选择"飞入"选项，将"效果选项"设置为"自左侧"，在"计时"选项组中将"开始"设置为"与上一动画同时"，如图 8-32 所示。

图 8-31　设置换片方式

图 8-32　设置动画

(27) 在"动画"选项组中为文字添加"浮入"动画效果，然后在"计时"选项组中，将"开始"设置为"上一动画之后"，将"持续时间"设置为 02.00，如图 8-33 所示。

(28) 选择"切换"选项卡，在"切换到此幻灯片"选项组中为幻灯片添加"淡出"切换效果，然后在"计时"选项组中取消选中"单击鼠标时"复选框，选中"设置自动换片时间"复选框，将时间设置为 00:09.71，如图 8-34 所示。

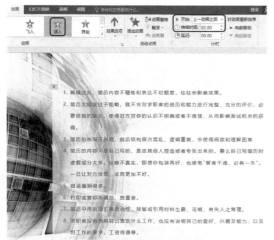

图 8-33　添加并设置动画

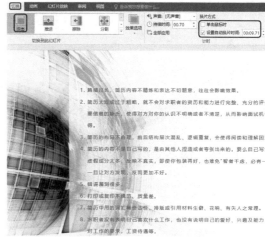

图 8-34　添加并设置切换效果

(29) 选择第四张幻灯片，选择文本，选择"动画"选项卡，在"动画"选项组中选择"出现"选项，即可为文字添加该动画效果，在"高级动画"选项组中单击"动画窗格"按钮，弹出"动画窗格"任务窗格，选择新添加的"出现"动画，并单击其右侧的▼按钮，在弹出的下拉列表中选择"效果选项"，弹出"出现"对话框，将"动画文本"设置为"按字母"，将"字母之间延迟秒数"设置为 0.2，如图 8-35 所示。

(30) 在"计时"选项卡中将"开始"设置为"与上一动画同时"，单击"确定"按钮，如图 8-36 所示。

图 8-35　设置动画效果

图 8-36　设置开始时间

(31) 选择"动画"选项卡，在"动画"选项组中为"？"添加"弹跳"动画效果，在"计时"选项组中将"开始"设置为"上一动画之后"，将"持续时间"设置为 02.00，如图 8-37 所示。

(32) 选择"切换"选项卡，在"切换到此幻灯片"选项组中为幻灯片添加"擦除"切换效果，然后在"计时"选项组中取消选中"单击鼠标时"复选框，选中"设置自动换片时间"复选框，将时间设置为 00:06.19，如图 8-38 所示。

(33) 结合前面的制作方法，制作第 5 张和第 6 张幻灯片，效果如图 8-39 所示。

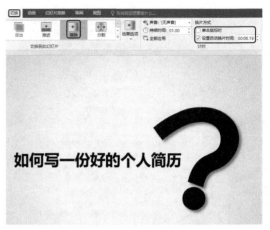

图 8-37　添加并设置动画　　　　　　　　图 8-38　设置切换效果

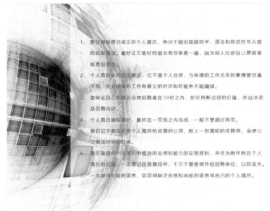

图 8-39　制作其他幻灯片

提示：在普通视图中，只可以看到一张幻灯片，如果需要转到其他幻灯片，可以使用以下方法。

直接拖动垂直滚动条上的滚动块，系统会提示切换的幻灯片编号和标题，在指到所要的幻灯片时释放鼠标左键，即可切换到该幻灯片。

单击垂直滚动条中的"上一张幻灯片"按钮，可以切换到当前幻灯片的上一张；单击"下一张幻灯片"按钮，可以切换到当前幻灯片的下一张。

按键盘上的 PageUp 键，可切换到当前幻灯片的上一张；按 PageDown 键可切换到当前幻灯片的下一张；按 Home 键可切换到第一张幻灯片；按 End 键可切换到最后一张幻灯片。

(34) 单击"幻灯片放映"选项卡下"设置"选项组中的"排练计时"按钮，效果如图 8-40 所示。

(35) 开始设置排练计时的时间，如图 8-41 所示。

(36) 排练计时结束后，单击"是"按钮，保留排练计时，如图 8-42 所示。

(37) 添加排练计时后的效果如图 8-43 所示。

图 8-40 单击"排练计时"按钮

图 8-41 设置排练计时的时间

图 8-42 保留排练计时

图 8-43 添加排练计时后的效果

任务 3 放映幻灯片

知识储备

放映幻灯片.mp4

1. 幻灯片的放映方式

在 PowerPoint 2016 中，演示文稿的放映类型包括演讲者放映、观众自行浏览和在展台浏览三种。可以通过单击"幻灯片放映"选项卡"设置"选项组中的"设置幻灯片放映"按钮，然后在弹出的"设置放映方式"对话框中对放映类型、放映选项及换片方式等进行设置。

1) 演讲者放映

演示文稿放映方式中的演讲者放映方式，是指由演讲者一边讲解一边放映幻灯片，此演示方式一般用于比较正式的场合，如专题讲座、学术报告等。

单击"幻灯片放映"选项卡的"设置"选项组中的"设置幻灯片放映"按钮，如图 8-44 所示。弹出"设置放映方式"对话框，在"放映类型"区域中选中"演讲者放映(全屏幕)"单选按钮，即可将放映方式设置为演讲者放映方式，如图 8-45 所示。

在"设置放映方式"对话框的"放映选项"区域选中"循环放映，按 ESC 键终止"复选框，在"换片方式"区域中选中"手动"单选按钮，设置演示过程中的换片方式为手动，如图 8-46 所示。

图 8-44　单击"设置幻灯片放映"按钮

图 8-45　选择放映类型

图 8-46　设置换片方式

提示：　选中"循环放映，按 ESC 键终止"复选框，可以在最后一张幻灯片放映结束后自动循环重复放映，直到按下 Esc 键才能结束。选中"放映时不加旁白"复选框，表示在放映时不播放在幻灯片中添加的声音。选中"放映时不加动画"复选框，表示在放映时设定的动画效果将被屏蔽。

单击"确定"按钮完成设置，按 F5 键进行全屏幕的 PPT 演示。

提示：　在"换片方式"区域中选中"如果存在排练时间，则使用它"单选按钮，则多媒体报告在放映时将自动换页。如果选中"手动"单选按钮，在放映多媒体内容时，则必须单击鼠标才能切换。

2)　观众自行浏览

观众自行浏览是指由观众自己操作计算机观看幻灯片。如果希望让观众自己浏览多媒体幻灯片，可以将多媒体演讲的放映方式设置成观众自行浏览。

在"幻灯片放映"选项卡的"设置"选项组中单击"设置幻灯片放映"按钮，弹出"设置放映方式"对话框。在"放映类型"区域中选中"观众自行浏览(窗口)"单选按钮；在"放映幻灯片"区域中选中"从...到..."单选按钮，并在第二个文本框中输入"3"，设置从第 1 页到第 3 页的幻灯片放映方式为观众自行浏览，单击"确定"按钮完成设置，如图 8-47 所示。按 F5 键进行演示文稿的演示。

提示：　单击状态栏中的"下一张"按钮和"上一张"按钮，也可以切换幻灯片；单击状态栏右侧的其他视图按钮，可以将演示文稿由演示状态切换到其他视图状态。

3)　在展台浏览

采用在展台浏览这一放映方式可以让多媒体幻灯片自动放映，而不需要演讲者操作，经常用于展览会的产品展示等。

打开演示文稿后，单击"幻灯片放映"选项卡的"设置"选项组中的"设置幻灯片放映"按钮，在弹出的"设置放映方式"对话框的"放映类型"区域中选中"在展台浏览(全屏幕)"单选按钮，即可将演示方式设置为在展台浏览，如图 8-48 所示。

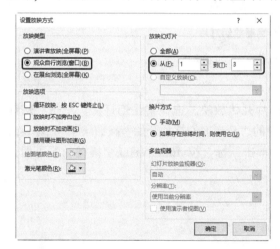

图 8-47　设置"观众自行浏览"放映方式

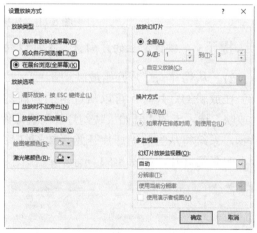

图 8-48　设置"在展台浏览(全屏幕)"放映方式

提示：　可以将展台浏览演示文稿设置为当参观者查看完整个演示文稿后或演示文稿保持闲置状态达到一段时间后，自动返回至演示文稿首页，这样，参观者就不必时刻守着展台了。

2. 放映幻灯片

默认情况下，幻灯片的放映方式为普通手动放映。读者可以根据实际需要，设置幻灯片的放映方法，如从头开始放映、从当前幻灯片开始放映和自定义多种放映方式等。

1) 从头开始放映

幻灯片一般是从头开始放映的，单击"幻灯片放映"选项卡的"开始放映幻灯片"选项组中的"从头开始"按钮，如图 8-49 所示，系统就会从头开始播放幻灯片。单击鼠标、按 Enter 键或空格键，均可切换到下一张幻灯片，如图 8-50 所示。

图 8-49　单击"从头开始"按钮

图 8-50　从头开始播放幻灯片

提示：　按键盘上的方向键，也可以向上或向下切换幻灯片。

2) 从当前幻灯片开始放映

在放映幻灯片时，可以从选定的当前幻灯片开始放映。选择某张幻灯片，单击"幻灯片放映"选项卡的"开始放映幻灯片"选项组中的"从当前幻灯片开始"按钮，如图 8-51 所示，系统将从当前幻灯片开始播放幻灯片。单击鼠标、按 Enter 键或空格键，即可切换到下一张幻灯片，如图 8-52 所示。

图 8-51　单击"从当前幻灯片开始"按钮

图 8-52　从当前幻灯片开始放映

3)　自定义多种放映方式

利用"自定义幻灯片放映"功能，可以为幻灯片设置多种自定义放映方式。

单击"幻灯片放映"选项卡的"开始放映幻灯片"选项组中的"自定义幻灯片放映"按钮，在弹出的下拉菜单中选择"自定义放映"菜单命令，即可弹出"自定义放映"对话框，单击"新建"按钮，弹出"定义自定义放映"对话框，如图 8-53 所示。

在"在演示文稿中的幻灯片"列表框中勾选需要放映的幻灯片，然后单击"添加"按钮，即可将选中的幻灯片添加到"在自定义放映中的幻灯片"列表框中，单击"确定"按钮，返回到"自定义放映"对话框，如图 8-54 所示。

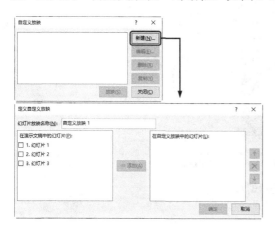

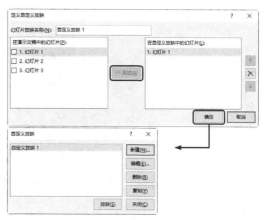

图 8-53　"定义自定义放映"对话框　　　　　图 8-54　添加需要放映的幻灯片

单击"放映"按钮，可以查看自定义放映效果，如图 8-55 所示。

图 8-55　查看自定义放映效果

4)　放映时隐藏指定幻灯片

在演示文稿中，可以将某一张或多张幻灯片隐藏，这样，在放映幻灯片时，将不显示此幻灯片。

(1)　打开"素材\Cha08\放映幻灯片素材.ppt"文件，选中第三张幻灯片，在"幻灯片放映"选项卡的"设置"选项组中单击"隐藏幻灯片"按钮，如图 8-56 所示。

图 8-56　单击"隐藏幻灯片"按钮

(2)　在"幻灯片"窗格中可以看到，第三张幻灯片编号显示为隐藏状态，这样，在放映幻灯片的时候，第三张幻灯片就会被隐藏，如图 8-57 所示。

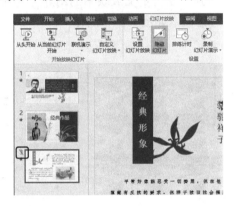

图 8-57　隐藏幻灯片

任务实践

(1)　单击"幻灯片放映"选项卡下"设置"选项组中的"设置幻灯片放映"按钮，弹出"设置放映方式"对话框，在"放映类型"区域中选中"演讲者放映(全屏幕)"单选按钮，在"放映选项"区域中选中"放映时不加旁白"复选框，然后单击"确定"按钮，如图 8-58 所示。

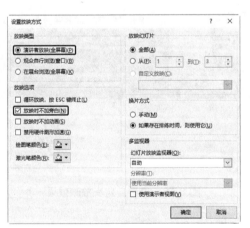

图 8-58　设置放映方式

(2)　选择"幻灯片放映"选项卡，单击"开始放映幻灯片"选项组中的"从头开始"按钮，即可从头放映幻灯片，如图 8-59 所示。

图 8-59　单击"从头开始"按钮

任务 4　打包 PPT

知识储备

打包 PPT.mp4

PowerPoint 中的"打包成 CD"功能，可以将一个或多个演示文稿连同支持文件一起复制到 CD 中。默认情况下，Microsoft Office PowerPoint 播放器包含在 CD 中，即使其他计算机上未安装 PowerPoint，也可在该计算机上运行打包的演示文稿。当打包演示文稿时，将自动包括链接(链接对象在源文件中创建，然后被插入目标文件中，并且维持两个文件之间的连接关系。更新源文件时，目标文件中的超超链接对象也可以得到更新)文件，可选择排除它们，也可将其他文件添加到演示文稿包中。

提示：　打包演示文稿，分为将演示文稿压缩到 CD 或文件夹两种，压缩到 CD 要求计算机中配置有刻录光驱，而打包成文件夹则没有这项要求。

在 PowerPoint 中打开想要打包的 PPT 演示文档，在菜单栏中选择"文件"|"导出"选项，"将演示文稿打包成 CD"，单击最右侧的"打包成 CD"按钮，如图 8-60 所示。

接下来，在弹出的"打包成 CD"对话框中，可以选择添加更多的 PPT 文档，一起打包，如图 8-61 所示。

图 8-60　单击"打包成 CD"按钮

图 8-61　"打包成 CD"对话框

之后可以选择演示文稿打包后存放的文件夹名称，可以选择想要存放的位置路径，也可以保持默认不变,系统默认有"完成后打开文件夹"的功能,不需要则可以取消选中此功能,如图 8-62 所示。

图 8-62 "复制到文件夹"对话框

系统会自动运行打包复制到文件夹程序,在完成之后,自动弹出打包好的 PPT 文件夹,其中会看到一个 AUTORUN 自动运行文件,如果我们是打包到 CD 光盘,则具备自动播放功能。复制完成后,系统自动打开生成的 CD 文件夹,如图 8-63 所示。如果所使用的计算机上没有安装 PowerPoint,操作系统将自动运行 AUTORUN 文件,并播放幻灯片文件,打包好的文档再进行光盘刻录,成为 CD,就可以在没有 PPT 的计算机或者 PPT 版本不兼容的计算机上播放了。

图 8-63 CD 文件夹

任务实践

(1) 放映完成后,可将幻灯片进行打包,以便以后使用。切换到"文件"选项卡,选择"导出"→"将演示文稿打包成 CD"命令,如图 8-64 所示。

(2) 单击"打包成 CD"按钮,弹出"打包成 CD"对话框,单击"复制到文件夹"按钮,如图 8-65 所示。

(3) 弹出"复制到文件夹"对话框,单击"位置"文本框右侧的"浏览"按钮,在弹出的"选择位置"对话框中选择路径,单击"选择"按钮,返回至"复制到文件夹"对话框,如图 8-66 所示。

(4) 单击"确定"按钮,弹出 Microsoft PowerPoint 提示对话框,这里单击"是"按钮,系统开始自动复制文件到文件夹,如图 8-67 所示。

图 8-64 选择"将演示文稿打包成 CD"命令

图 8-65 "打包成 CD"对话框

图 8-66 "复制到文件夹"对话框

图 8-67 Microsoft PowerPoint 提示对话框

上机实训 教 学 课 件

1.实训背景

教学课件.mp4

张红是某学校的语文老师,某日她将要在公开课中讲解李白的《将进酒·君不见》,需要制作讲解作者及其诗词的 PPT 课件。

2.实训内容和要求

本实训介绍课件幻灯片的制作。首先制作开始动画,然后制作主要内容动画,之后制作结束动画。主要用到的动画效果有"浮入""曲线向上""翻转式由远及近""展开"和"脉冲"等,最后讲解如何放映完成后的效果。

素材及最终效果如图 8-68、图 8-69 所示。

图 8-68　教学课件素材

图 8-69　最终效果

3．实训步骤

(1) 启动 PowerPoint 2016 软件，在菜单栏中选择"文件"→"打开"→"浏览"命令，弹出"打开"对话框，选择"素材\Cha08\教学课件素材.ppt"素材文件，单击"打开"按钮，如图 8-70 所示。

图 8-70　"打开"对话框

(2)　选择"李白"组合对象，切换到"动画"选项卡，单击"动画"选项组中的"浮入"选项，单击"效果选项"按钮，在弹出的下拉列表中选择"下浮"选项，在"计时"选项组中将"开始"设置为"与上一动画同时"，将"持续时间"设置为 01.00，如图 8-71 所示。

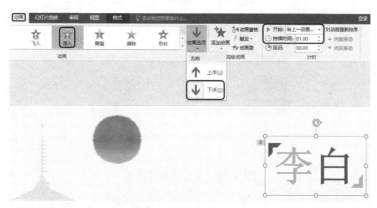

图 8-71　添加动画并设置

(3)　选择太阳图像，单击"动画"选项组中的"其他"按钮，在弹出的下拉列表中选择"更多进入效果"选项，弹出"更改进入效果"对话框，选择"曲线向上"选项，单击"确定"按钮，如图 8-72 所示。

(4)　在"计时"选项组中将"开始"设置为"上一动画之后"，"持续时间"设置为 02.00，如图 8-73 所示。

(5)　单击"切换"选项卡，在"切换到此幻灯片"选项组中选择"分割"选项，如图 8-74 所示。

(6)　单击"备注"按钮 ≙ 备注，在"备注"窗格中输入文本并选中文本。切换到"开始"选项卡，在"段落"组中单击"居中"按钮 ≡，将文本在窗格中对齐，如图 8-75 所示。

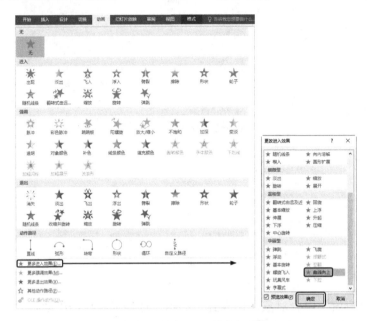

图 8-72　选择"曲线向上"动画

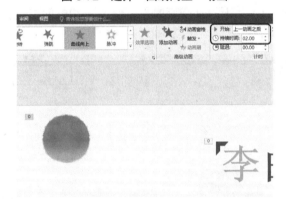

图 8-73　添加动画并设置

图 8-74　选择"分割"选项

图 8-75　单击"居中"按钮

（7）选择第二张幻灯片，切换到"切换"选项卡，在"切换到此幻灯片"选项组中单击"其他"按钮，在弹出的下拉列表中选择"涟漪"选项，在此幻灯片中添加备注并将其居中对齐，如图 8-76 所示。

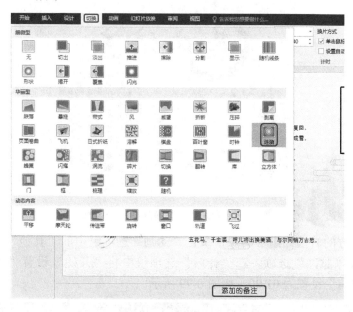

图 8-76　选择"涟漪"选项

（8）选择第三张幻灯片，选择"基本信息"组合对象，切换到"动画"选项卡，在"动画"选项组中单击"其他"按钮，在弹出的下拉列表中单击"翻转式由远及近"选项，在"计时"选项组中将"开始"设置为"与上一动画同时"，如图 8-77 所示。

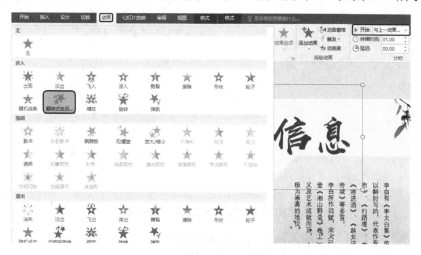

图 8-77　添加动画并设置

（9）选中竖排文本，单击"动画"选项组中的"其他"按钮，在弹出的下拉列表中选择"更多进入效果"选项，弹出"更改进入效果"对话框，选择"展开"选项，单击"确定"按钮，将"开始"设置为"与上一动画同时"，如图 8-78 所示。

图 8-78　为竖排文字添加动画并设置

(10) 选中下方的波浪线组合对象，单击"动画"选项组中的"其他"按钮，在弹出的下拉列表中选择"脉冲"选项，在"计时"选项组中将"开始"设置"为与上一动画同时"，"持续时间"设置为 01.00，如图 8-79 所示。

图 8-79　为波浪线添加动画并设置

(11) 切换到"切换"选项卡，在"切换到此幻灯片中"选项组中选择"推进"选项，为此幻灯片添加备注并居中对齐，如图 8-80 所示。

(12) 选择第四张幻灯片，选择大的文本，切换到"动画"选项卡，在"动画"选项组中单击"飞入"选项，单击"效果选项"按钮，在弹出的下拉列表中选择"自顶部"选项，在"计时"选项组中将"开始"设置为"与上一动画同时"，"持续时间"设置为 01.00，如图 8-81 所示。

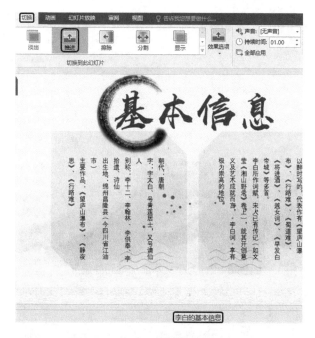

图 8-80 设置切换效果并添加备注

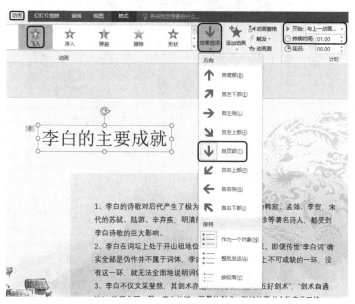

图 8-81 为大文本添加动画并设置

(13) 选择小的文本，在"动画"选项组中选择"劈裂"选项，在"计时"选项组中将"开始"设置为"上一动画之后"，如图 8-82 所示。

(14) 切换到"切换"选项卡，单击"切换到此幻灯片"选项组中的"其他"按钮，选择"飞机"选项，为此幻灯片添加备注并居中对齐，如图 8-83 所示。

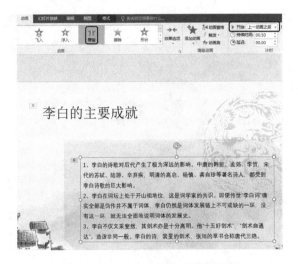

图 8-82　为小文本添加动画并设置

图 8-83　设置切换效果并添加备注

习　　题

1. 填空题

(1) 单击状态栏中的(　　)按钮可以放映幻灯片。

(2) 设置幻灯片放映时间的方法是(　　)、(　　)。

(3) 在播放幻灯片时，屏幕左下角有(　　)、(　　)、(　　)和(　　)四个按钮。

2. 简答题

(1) 有几种方式放映幻灯片？

(2) 如何隐藏幻灯片？

项目 9

项目实践

为巩固前面章节学习的内容,本章将综合讲解如何制作公司培训方案课件,使用户通过本章的学习,系统地掌握培训方案课件的制作方法。

通过公司培训方案课件可以帮助员工更好地融入公司氛围,吸引员工关注公司培训的相关知识,帮助员工增进对公司的了解,从而更好地实现培训目的。本章将介绍公司培训方案课件的制作方法,部分效果如图 9-1 所示。

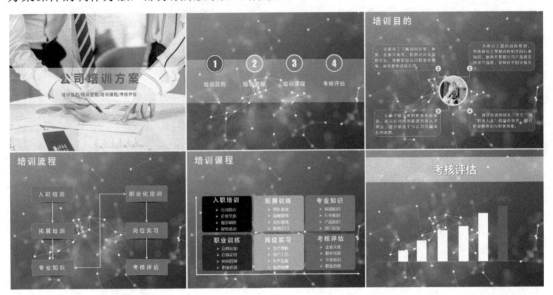

图 9-1　公司培训方案

任务 1　制 作 封 面

制作封面.mp4

(1)　新建一个空白演示文稿,选择"设计"选项卡,在"自定义"选项组中单击"幻灯片大小"按钮,在弹出的下拉列表中选择"标准(4:3)"。选择"开始"选项卡,在"幻灯片"选项组中单击"版式"按钮,在弹出的下拉列表中选择"空白"选项,如图 9-2 所示。

(2)　选择"插入"选项卡,在"图像"选项组中单击"图片"按钮,在弹出的对话框中选择"素材\Cha09\图 01.jpg"素材文件,单击"插入"按钮,将选中的素材文件插入幻灯片中,并调整其大小与位置,如图 9-3 所示。

(3)　选择"图片工具"下的"格式"选项卡,在"大小"选项组中单击"裁剪"按钮,对图像进行裁剪,如图 9-4 所示。

(4)　再次单击"大小"选项组中的"裁剪"按钮,完成裁剪,裁剪后的效果如图 9-5 所示。

(5)　选择"插入"选项卡,在"插图"选项组中单击"形状"按钮,在弹出的下拉列表中选择"矩形"选项,在幻灯片中绘制一个宽度与幻灯片相同的矩形。选中绘制的矩形,在"设置形状格式"任务窗格中单击"填充与线条"按钮,在"填充"选项组中将"颜色"设置为白色,将"透明度"设置为 44,在"线条"选项组中选中"无线条"单选按钮,并在幻灯片中调整其大小及位置,如图 9-6 所示。

(6)　选中该矩形，选择"动画"选项卡，在"动画"选项组中单击"劈裂"选项，将"效果选项"设置为"中央向上下展开"，在"计时"选项组中将"开始"设置为"上一动画之后"，如图 9-7 所示。

图 9-2　选择"空白"选项

图 9-3　插入图片并进行设置

图 9-4　裁剪图像

图 9-5　裁剪后的效果

图 9-6　绘制矩形并进行设置

图 9-7　添加动画效果并进行设置

(7) 选择"插入"选项卡,在"文本"选项组中单击"文本框"按钮,在弹出的下拉列表中选择"横排文本框"选项,在幻灯片中绘制一个文本框并输入文字。选中输入的文字,在"字体"组中将字体设置为"微软雅黑",将字体大小设置为 44,单击"加粗"按钮,将字体颜色的 RGB 值设置为 32、142、207,如图 9-8 所示。

(8) 选中输入的文字,在"字体"选项组中单击右下角的 按钮,在弹出的对话框中切换到"字符间距"选项卡,将"间距"设置为"加宽",将"度量值"设置为 12,如图 9-9 所示。

图 9-8　输入文字并进行设置　　　　　　　　图 9-9　设置字符间距

(9) 设置完成后,单击"确定"按钮,即可完成字符间距的设置,效果如图 9-10 所示。

(10) 选中该文本框,选择"动画"选项卡,在"动画"选项组中单击"淡出"选项,在"计时"选项组中将"开始"设置为"上一动画之后",如图 9-11 所示。

图 9-10　设置字符间距后的效果　　　　　　　图 9-11　添加动画

(11) 再次使用"横排文本框"工具在幻灯片中绘制一个文本框,输入文字。选中输入的文字,选择"开始"选项卡,在"字体"选项组中将字体设置为"方正宋黑简体",将字体大小设置为 18，将字体颜色的 RGB 值设置为 127、127、127，在"段落"选项组中单击"居中"按钮，将符号的字体设置为"Calibri (正文)"，如图 9-12 所示。

(12) 选中该文本框，选择"动画"选项卡，在"动画"选项组中单击"淡出"选项，在"计时"选项组中将"开始"设置为"与上一动画同时"，如图 9-13 所示。

图 9-12   绘制文本框并输入文字

图 9-13   添加动画并进行设置

任务 2   制作目录页

(1) 选择第一张幻灯片，按 Enter 键新建一个空白幻灯片。选择"设计"选项卡，在"自定义"选项组中单击"设置背景格式"按钮，在"设置背景格式"任务窗格中选中"图片或纹理填充"单选按钮。单击"文件"按钮，在弹出的对话框中选择"图 02.jpg"素材文件，单击"插入"按钮，效果如图 9-14 所示。

制作目录页.mp4

(2) 在"设置背景格式"任务窗格中单击"图片"按钮，将"图片颜色"选项组下的"色温"设置为 5300，如图 9-15 所示。

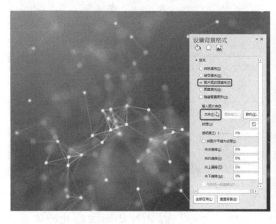

图 9-14   添加背景

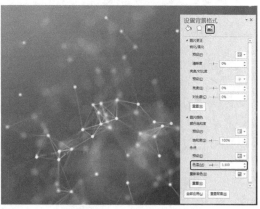

图 9-15   设置图片颜色

(3) 选择"插入"选项卡,在"插图"选项组中单击"形状"按钮,在弹出的下拉列表中选择"矩形"选项。在幻灯片中绘制一个矩形,在"设置形状格式"任务窗格中单击"填充与线条"按钮。在"填充"选项组中将"颜色"设置为白色,将"透明度"设置为64,在"线条"选项组中选中"无线条"单选按钮,如图 9-16 所示。

(4) 再在该任务窗格中单击"大小与属性"按钮,在"大小"选项组中将"宽度""高度"分别设置为 4.8、25.4 厘米,在"位置"选项组中将"水平位置""垂直位置"分别设置为 0、7.7 厘米,如图 9-17 所示。

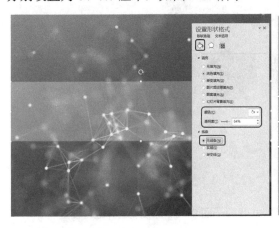

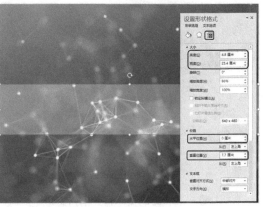

图 9-16 绘制矩形并设置填充与线条参数　　　图 9-17 设置图形的大小和位置

(5) 选中该图形,选择"动画"选项卡,在"动画"选项组中单击"其他"按钮,在弹出的下拉列表中选择"退出"选项组中的"擦除"选项,如图 9-18 所示。

(6) 在"计时"选项组中将"开始"设置为"与上一动画同时",如图 9-19 所示。

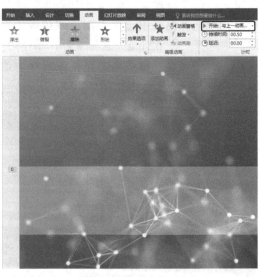

图 9-18 选择"擦除"选项　　　图 9-19 设置开始选项

(7) 继续选中该矩形,按 Ctrl+D 组合键对其进行复制,在幻灯片中调整其位置及高度。在"动画"选项组中单击"其他"按钮,在弹出的下拉列表中选择"进入"选项组中的"擦除"选项，如图 9-20 所示。

(8)　选择完成后，在"计时"选项组中将"开始"设置为"与上一动画同时"，如图 9-21 所示。

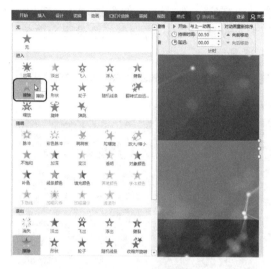

图 9-20　选择动画效果

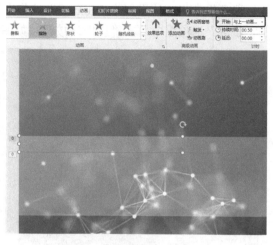

图 9-21　设置动画开始选项

(9)　选择"插入"选项卡，在"插图"选项组中单击"形状"按钮，在弹出的下拉列表中选择"椭圆"选项，在幻灯片中按住 Shift 键绘制一个正圆。在"设置形状格式"任务窗格中单击"填充与线条"按钮，在"填充"选项组中将"颜色"设置为"浅蓝"，在"线条"选项组中选中"无线条"单选按钮，如图 9-22 所示。

(10) 再在该任务窗格中单击"大小与属性"按钮，在"大小"选项组中将"高度""宽度"都设置为 2.6 厘米，在"位置"选项组中将"水平位置""垂直位置"分别设置为 19.8、5.8 厘米，如图 9-23 所示。

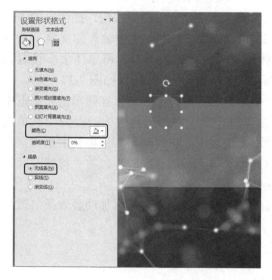

图 9-22　绘制形状并进行设置

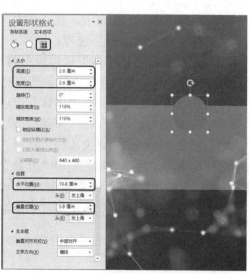

图 9-23　设置图形的大小及位置

(11) 继续选中该图形，按 Ctrl+D 组合键，对其进行复制，并调整其大小及位置。在"设置形状格式"任务窗格中单击"填充与线条"按钮，在"线条"选项组中选中"实线"单选按钮，将"颜色"设置为白色，将"宽度"设置为 3 磅，如图 9-24 所示。

(12) 继续选中该图形，输入文字。选中输入的文字，选择"开始"选项卡，在"字体"选项组中将字体设置为"Impact"，将字体大小设置为 36，将字体颜色设置为白色，在"段落"选项组中单击"居中"按钮，如图 9-25 所示。

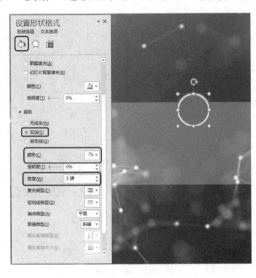

图 9-24　复制图形并进行调整

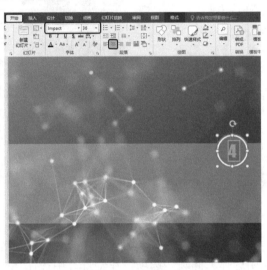

图 9-25　输入文字并进行设置

(13) 在幻灯片中选中绘制的两个圆形，右击鼠标，在弹出的快捷菜单中选择"组合"→"组合"命令。继续选中组合后的对象，选择"动画"选项卡，在"动画"选项组中单击"飞入"选项，将"效果选项"设置为"自左侧"，在"计时"选项组中将"开始"设置为"与上一动画同时"，将"延时"设置为 00.70，如图 9-26 所示。

(14) 选择"插入"选项卡，在"文本"选项组中单击"文本框"按钮，在弹出的下拉列表中选择"横排文本框"选项，绘制一个文本框，输入文字。选中输入的文字，选择"开始"选项卡，在"字体"选项组中将字体设置为"微软雅黑"，将字体大小设置为 20，将字体颜色设置为白色，在"段落"选项组中单击"居中"按钮，如图 9-27 所示。

(15) 选中输入的文字，在"字体"选项组中单击右下角的 按钮，在弹出的对话框中选择"字符间距"选项卡，将"间距"设置为"加宽"，将"度量值"设置为 3，单击"确定"按钮。继续选中该文本框，选择"动画"选项卡，在"动画"选项组中单击"浮入"选项，在"计时"选项组中将"开始"设置为"与上一动画同时"，将"持续时间"设置为 00.50，将"延迟"设置为 01.00，如图 9-28 所示。

(16) 根据相同的方法在该幻灯片中添加其他图形及文字，并为其添加动画效果，效果如图 9-29 所示。

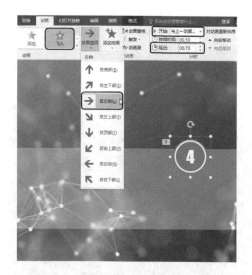

图 9-26　添加动画效果并进行设置

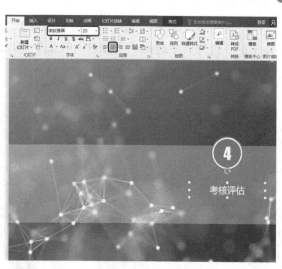

图 9-27　输入文字并进行设置

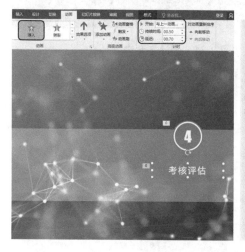

图 9-28　设置字符间距并添加动画

图 9-29　添加其他图形及文字后的效果

任务 3　制作"培训目的"

制作"培训
目的".mp4

(1)　选择第二张幻灯片，选择"开始"选项卡，在"幻灯片"选项组中单击"新建幻灯片"下三角按钮，在弹出的下拉列表中选择"复制选定幻灯片"选项，如图 9-30 所示。

(2)　选择第三张幻灯片，删除多余内容，效果如图 9-31 所示。

(3)　选择"插入"选项卡，在"文本"选项组中单击"文本框"按钮，在弹出的下拉列表中选择"横排文本框"选项，绘制一个文本框，输入文字。选中输入的文字，选择"开始"选项卡，在"字体"选项组中将字体设置为"文鼎 CS 中黑"，将字体大小设置为 35，将字体颜色设置为白色，并根据前面所介绍的方法将字符间距设置为"加宽"，"度量值"设置为 6，如图 9-32 所示。

(4) 选中该文本框，选择"动画"选项卡，在"动画"选项组中单击"其他"按钮，在弹出的下拉列表中选择"更多进入效果"选项，如图 9-33 所示。

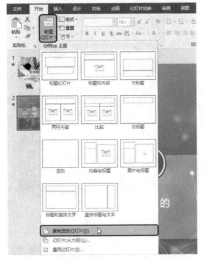

图 9-30　选择"复制选定幻灯片"选项

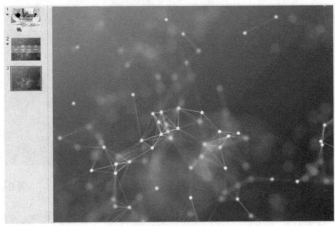

图 9-31　删除多余内容

图 9-32　输入文字并进行设置

图 9-33　选择"更多进入效果"选项

(5) 在弹出的对话框中选择"华丽型"选项组中的"挥鞭式"动画效果，如图 9-34 所示。

(6) 选择完成后，单击"确定"按钮，在"计时"选项组中将"开始"设置为"上一动画之后"，如图 9-35 所示。

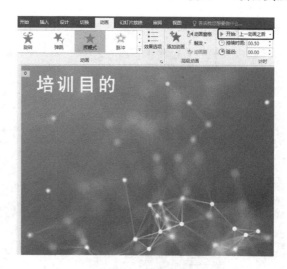

图 9-34　选择"挥鞭式"动画效果　　　　　图 9-35　设置开始选项

(7) 选择"插入"选项卡，在"插图"选项组中单击"形状"按钮，在弹出的下拉列表中选择"椭圆"选项，在幻灯片中绘制一个正圆。在"设置形状格式"任务窗格中单击"填充与线条"按钮，在"填充"选项组中将"颜色"设置为白色，在"线条"选项组中将"颜色"的 RGB 值设置为 255、255、0，将"宽度"设置为 6 磅，如图 9-36 所示。

(8) 再在该任务窗格中单击"大小与属性"按钮，在"大小"选项组中将"宽度""高度"都设置为 4 厘米，在"位置"选项组中将"水平位置""垂直位置"分别设置为10.5、9 厘米，如图 9-37 所示。

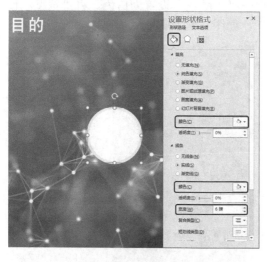

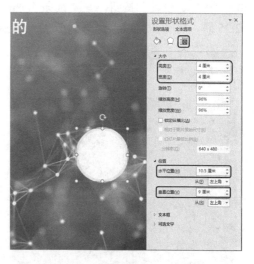

图 9-36　绘制圆形并设置填充与线条参数　　图 9-37　设置图形的大小和位置

(9) 再次使用"椭圆"选项在幻灯片中绘制一个正圆，并调整其大小。在"设置形状格式"任务窗格中单击"填充与线条"按钮，在"填充"选项组中选中"图片或纹理填充"单选按钮，单击"文件"按钮，在弹出的对话框中选择"图 03.jpg"素材文件，单击"插入"按钮，在"线条"选项组中选中"无线条"单选按钮，如图 9-38 所示。

(10) 在幻灯片中选择两个圆形对象，右击鼠标，在弹出的快捷菜单中选择"组合"→

"组合"命令，如图 9-39 所示。

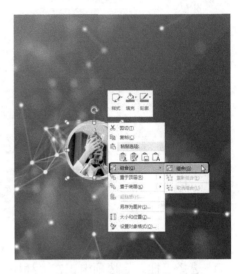

图 9-38　绘制圆形并填充图片　　　　　　图 9-39　选择"组合"命令

(11) 选中组合后的对象，选择"动画"选项卡，在"动画"选中组中单击"其他"按钮，在弹出的下拉列表中选择"翻转式由远及近"选项，在"计时"选项组中将"开始"设置为"上一动画之后"，如图 9-40 所示。

(12) 选择"插入"选项卡，在"插图"选项组中单击"形状"按钮，在弹出的下拉列表中选择"直线"选项，在幻灯片中绘制一条水平直线。在"设置形状格式"任务窗格中单击"填充与线条"按钮，在"线条"选项组中将"颜色"设置为白色，将"宽度"设置为 2.25 磅，将"短划线类型"设置为"圆点"，如图 9-41 所示。

图 9-40　添加动画并设置开始选项　　　　　图 9-41　绘制直线并进行设置

(13) 选中该直线，选择"动画"选项卡，在"动画"选项组中单击"其他"按钮，在弹出的下拉列表中选择"擦除"选项，将"效果选项"设置为"自右侧"，将"开始"设置为"上一动画之后"，将"持续时间"设置为 00.75，如图 9-42 所示。

(14) 对该直线进行复制，并对复制后的对象进行调整，在"动画"选项组中将"效果选项"设置为"自底部"，效果如图 9-43 所示。

图 9-42 添加动画并进行设置

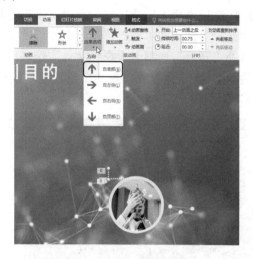

图 9-43 复制并设置效果选项

(15) 选择"插入"选项卡，在"插图"选项组中单击"形状"按钮，在弹出的下拉列表中选择"圆角矩形"选项，在幻灯片中绘制一个圆角矩形，并调整圆角的大小。在"设置形状格式"任务窗格中单击"填充与线条"按钮，在"填充"选项组中将"颜色"设置为"浅蓝"，将"透明度"设置为 70%，在"线条"选项组中将"颜色"设置为白色，将"宽度"设置为 1 磅，将"短划线类型"设置为"长划线"，如图 9-44 所示。

(16) 选择"插入"选项卡，单击"插图"选项组中的"形状"按钮，在弹出的下拉列表中选择"椭圆"，在幻灯片中按住 Shift 键绘制一个正圆。在"设置形状格式"任务窗格中单击"填充与线条"按钮，在"填充"选项组中将"颜色"的 RGB 值设置为 255、255、0，在"线条"选项组中选中"无线条"单选按钮，如图 9-45 所示。

图 9-44 绘制形状并设置填充与线条

图 9-45 绘制正圆并设置填充与线条

(17) 继续选中该图形，输入文字。选中输入的文字，选择"开始"选项卡，在"字

体"选项组中将字体设置为"Calibri (正文)",将字体大小设置为 18,将字体颜色的 RGB
值设置为 76、76、76,在"段落"选项组中单击"居中"按钮,如图 9-46 所示。

(18) 选择"插入"选项卡,在"文本"选项组中单击"文本框"按钮,在弹出的下拉
列表中选择"横排文本框"选项,在幻灯片中绘制一个文本框,输入文字。选中输入的文
字,选择"开始"选项卡,在"字体"选项组中将字体设置为"微软雅黑",将字体大小
设置为 14,将字体颜色设置为白色,在"段落"选项组中单击"两端对齐"按钮,如
图 9-47 所示。

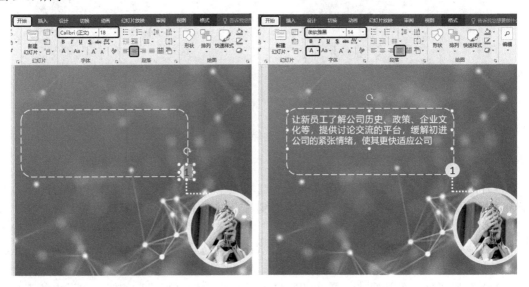

图 9-46　输入文字并进行设置　　　　　　图 9-47　绘制文本框并输入文字

(19) 继续选中该文字,右击鼠标,在弹出的快捷菜单中选择"段落"命令,如图 9-48
所示。

(20) 在弹出的对话框中选择"缩进和间距"选项卡,在"缩进"选项组中将"特殊格
式"设置为"首行缩进",在"间距"选项组中将"段后"设置为 12 磅,将"行距"设
置为"固定值",设置值为 22 磅,如图 9-49 所示。

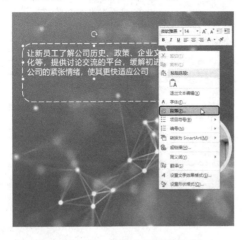

图 9-48　选择"段落"命令　　　　　　　　图 9-49　设置缩进和间距

(21) 设置完成后，单击"确定"按钮。继续选中该文字，右击鼠标，在弹出的快捷菜单中选择"字体"命令，如图 9-50 所示。

(22) 在弹出的对话框中选择"字符间距"选项卡，将"间距"设置为"加宽"，将"度量值"设置为 3 磅，如图 9-51 所示。

图 9-50　选择"字体"命令

图 9-51　设置字符间距

(23) 设置完成后，单击"确定"按钮。在幻灯片中选中该文本框、圆角矩形以及黄色圆形，右击鼠标，在弹出的快捷菜单中选择"组合"→"组合"命令，如图 9-52 所示。

(24) 选中组合后的对象，选择"动画"选项卡，在"动画"选项组中单击"淡出"选项，在"计时"选项组中将"开始"设置为"上一动画之后"，如图 9-53 所示。

图 9-52　选择"组合"命令

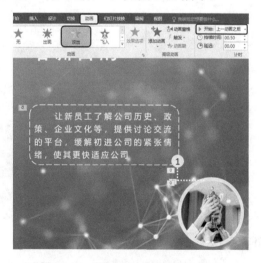

图 9-53　添加动画并设置开始选项

(25) 使用同样的方法添加其他图形和文字，并为其添加动画效果，如图 9-54 所示。

(26) 在幻灯片中选择中间的黄色圆形，右击鼠标，在弹出的快捷菜单中选择"置于顶层"→"置于顶层"命令，如图 9-55 所示。

图 9-54 添加其他图形和文字后的效果

图 9-55 选择"置于顶层"命令

任务 4 制作"培训流程"

(1) 选择第三张幻灯片,选择"开始"选项卡,在"幻灯片"选项组中单击"新建幻灯片"下三角按钮,在弹出的下拉列表中选择"复制选定幻灯片"选项,如图 9-56 所示。

(2) 选择第四张幻灯片,修改标题并删除多余内容,效果如图 9-57 所示。

制作"培训流程".mp4

图 9-56 选择"复制选定幻灯片"选项

图 9-57 修改标题并删除多余内容

(3) 选择"插入"选项卡,在"插图"选项组中单击"形状"按钮,在弹出的下拉列表中选择"圆角矩形"选项,在幻灯片中绘制一个圆角矩形,并调整其圆角的大小。在"设置形状格式"任务窗格中单击"填充与线条"按钮,在"填充"选项组中将"颜色"的 RGB 值设置为 51、153、255,在"线条"选项组中将"颜色"的 RGB 值设置为 192、192、192,将"宽度"设置为 0.5 磅,如图 9-58 所示。

（4）在该任务窗格中单击"大小与属性"按钮，在"大小"选项组中将"高度""宽度"分别设置为2.2、6厘米，并调整其位置，如图9-59所示。

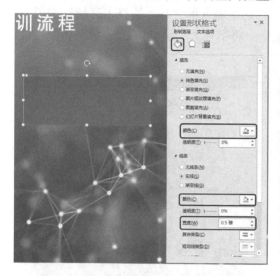

图 9-58　绘制圆角矩形并设置填充与线条

图 9-59　设置图形的大小及位置

（5）选择"插入"选项卡，在"插图"选项组中单击"形状"按钮，在弹出的下拉列表中选择"矩形"选项，在幻灯片中绘制一个矩形。在"设置形状格式"任务窗格中单击"填充与线条"按钮，在"填充"选项组中选中"渐变填充"单选按钮，将"类型"设置为"射线"，将"方向"设置为"从中心"，将位置 0 处和位置 100%处的渐变光圈的颜色设置为黑色，将位置 100%处的渐变光圈的"透明度"设置为 100%，将其他渐变光圈删除，在"线条"选项组中选中"无线条"单选按钮，如图9-60所示。

（6）在"设置形状格式"任务窗格中单击"效果"按钮，在"柔化边缘"选项组中将"大小"设置为2.5磅，如图9-61所示。

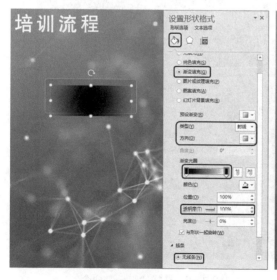

图 9-60　绘制矩形并设置填充与线条参数

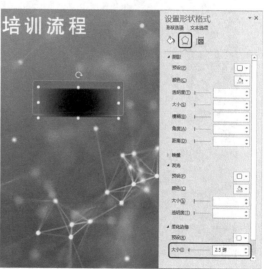

图 9-61　设置柔化边缘

（7）选中该图形，右击鼠标，在弹出的快捷菜单中选择"置于底层"→"下移一层"命令，如图 9-62 所示。

（8）在幻灯片中选中蓝色矩形，输入文字。选中输入的文字，选择"开始"选项卡，在"字体"选项组中将字体设置为"微软雅黑"，将字体大小设置为 20，将字体颜色设置为白色，如图 9-63 所示。

图 9-62　选择"下移一层"命令

图 9-63　输入文字并进行设置

（9）选中输入的文字，右击鼠标，在弹出的快捷菜单中选择"字体"命令，在弹出的对话框中选择"字符间距"选项卡，将"间距"设置为"加宽"，将"度量值"设置为 8 磅，单击"确定"按钮，即可为文字设置字符间距，效果如图 9-64 所示。

（10）在幻灯片中选择绘制的圆角矩形和矩形，右击鼠标，在弹出的快捷菜单中选择"组合"→"组合"命令，如图 9-65 所示。

图 9-64　设置字符间距后的效果

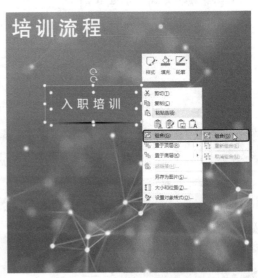

图 9-65　选择"组合"命令

　　(11) 选中组合后的对象，选择"动画"选项卡，在"动画"选项组中单击"劈裂"选项，将"效果选项"设置为"中央向上下展开"，在"计时"选项组中将"开始"设置为"上一动画之后"，将"持续时间"设置为 00.75，如图 9-66 所示。

　　(12) 选择"插入"选项卡，在"插图"选项组中单击"形状"按钮，在弹出的下拉列表中选择"直线"选项，在幻灯片中绘制一条直线。在"设置形状格式"任务窗格中单击"填充与线条"按钮，在"线条"选项组中将"颜色"的 RGB 值设置为 255、255、0，将"宽度"设置为 2.25 磅，将"箭头末端类型"设置为"开放型箭头"，如图 9-67 所示。

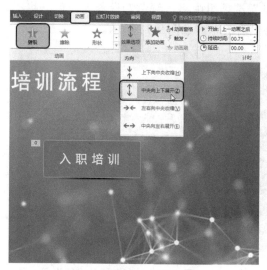

图 9-66　添加动画并进行设置

图 9-67　绘制直线并设置线条参数

　　(13) 继续选中该图形，选择"动画"选项卡，在"动画"选项组中单击"擦除"选项，将"效果选项"设置为"自顶部"，将"开始"设置为"上一动画之后"，将"持续时间"设置为 00.75，如图 9-68 所示。

　　(14) 使用同样的方法添加其他图形及文字，并为添加的图形添加动画效果，效果如图 9-69 所示。

图 9-68　添加动画并进行设置

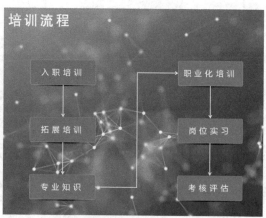

图 9-69　添加图形及文字

任务 5　制作其他幻灯片

制作其他
幻灯片.mp4

(1)　根据前面介绍的方法复制出第五张幻灯片，修改其内容并删除多余内容，如图 9-70 所示。

(2)　选择"插入"选项卡，在"插图"选项组中单击"形状"按钮，在弹出的下拉列表中选择"直线"选项，在幻灯片中绘制一条直线。选中该直线，在"设置形状格式"任务窗格中单击"填充与线条"按钮，在"线条"选项组中将"颜色"设置为白色，将"宽度"设置为 3 磅，将"箭头末端类型"设置为"箭头"，如图 9-71 所示。

图 9-70　复制幻灯片并进行修改　　　　　图 9-71　绘制直线并进行设置

(3)　继续选中该直线，选择"动画"选项卡，在"动画"选项组中单击"擦除"选项，将"效果选项"设置为"自底部"，在"计时"选项组中将"开始"设置为"上一动画之后"，将"持续时间"设置为 00.50，如图 9-72 所示。

(4)　对该图形进行复制，并调整其角度，在"动画"选项组中将"效果选项"设置为"自左侧"，在"计时"选项组中将"开始"设置为"与上一动画同时"，如图 9-73 所示。

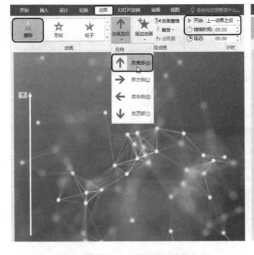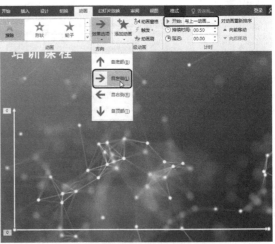

图 9-72　添加动画并进行设置　　　　　　图 9-73　复制图形并设置动画效果

(5)　选择"插入"选项卡，在"插图"选项组中单击"形状"按钮，在弹出的下拉列表中选择"圆角矩形"选项，在幻灯片中绘制一个圆角矩形，并调整其圆角的大小。在"设置形状格式"任务窗格中单击"填充与线条"按钮，在"填充"选项组中将"颜色"的 RGB 值设置为 192、0、0，在"线条"选项组中选中"无线条"单选按钮，在幻灯片中调整其大小与位置，如图 9-74 所示。

(6)　选择"插入"选项卡，在"文本"选项组中单击"文本框"按钮，在弹出的下拉列表中选择"横排文本框"选项，在幻灯片中绘制一个文本框，输入文字。选中输入的文字，选择"开始"选项卡，在"字体"选项组中将字体设置为"文鼎 CS 中黑"，将字体大小设置为 24，将字体颜色设置为白色，在"段落"选项组中单击"居中"按钮，并根据前面所介绍的方法将字符间距设置为加宽，度量值为 4，如图 9-75 所示。

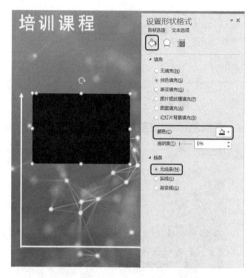

图 9-74　绘制圆角矩形并设置填充与线条

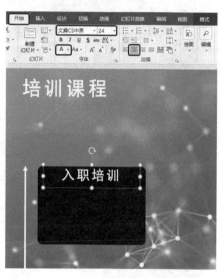

图 9-75　绘制文本框并输入文字

(7)　再次使用"横排文本框"工具在幻灯片中绘制一个文本框，并输入文字。选中输入的文字，选择"开始"选项卡，在"字体"选项组中将字体设置为"微软雅黑"，将字体大小设置为 16，将字体颜色设置为白色，在"段落"选项组中单击"居中"按钮，单击"项目符号"右侧的下三角按钮，在弹出的下拉列表中选择"箭头项目符号"，如图 9-76所示。

(8)　再在该文字上右击鼠标，在弹出的快捷菜单中选择"段落"命令，在弹出的对话框中选择"缩进和间距"选项卡，在"间距"选项组中将"行距"设置为"多倍行距"，将"设置值"设置为 1.3，如图 9-77 所示。

(9)　设置完成后，单击"确定"按钮。选中绘制的圆角矩形与其上方的两个文本框，右击鼠标，在弹出的快捷菜单中选择"组合"→"组合"命令，如图 9-78 所示。

(10)　选择"动画"选项卡，在"动画"选项组中单击"飞入"选项，将"效果选项"设置为"自左上部"，在"计时"选项组中将"开始"设置为"上一动画之后"，将"持续时间"设置为 01.00，如图 9-79 所示。

(11)　使用同样的方法在该幻灯片中添加其他图形及文字，并为其添加动画效果，效果如图 9-80 所示。

(12) 根据前面所介绍的方法创建"考核评估"幻灯片，效果如图 9-81 所示。

图 9-76　输入文字并进行设置

图 9-77　设置行距

图 9-78　选择"组合"命令

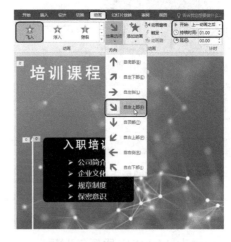

图 9-79　添加动画并进行设置

图 9-80　添加其他图形及文字后的效果

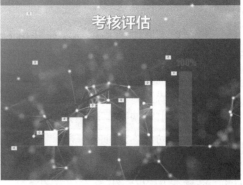

图 9-81　创建其他幻灯片后的效果

(13) 选择第二张幻灯片，在该幻灯片中选择"培训目的"文本框，右击鼠标，在弹出的快捷菜单中选择"超链接"命令，如图 9-82 所示。

提示： 在为文字添加超链接时，直接选择文本框则不会出现下划线，如果选中文字添加超链接，则文字会变为蓝色，并出现下划线。

(14) 在弹出的对话框中单击"本文档中的位置"按钮，在其右侧的列表框中选择"3. 幻灯片 3"，如图 9-83 所示。

图 9-82   选择"超链接"命令

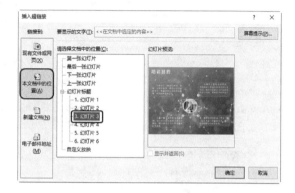

图 9-83   选择要链接的幻灯片

(15) 单击"确定"按钮，即可为其添加超链接。使用同样的方法为其他文本框添加超链接，并对完成后的场景进行保存即可。

提示： 一个完整的 PPT 课件中存在着大量的超链接和动作，在设置完这些链接和动作以后，一定要通过播放来检查一下链接和动作的正确性，以防出现死链接或不应有的动作，这是保证 PPT 课件质量最重要的一个环节。在设置完链接或动作以后进行测试，往往能发现一些表面上看不出来的问题，否则，一旦 PPT 课件在正式场合使用，就会暴露出各种问题，那时再修改就来不及了。

课后练习　团队精神

团队精神.mp4

下面介绍一个关于团队精神幻灯片动画的制作。首先制作开始动画和目录页，然后制作主要内容动画，之后制作结束动画。主要用到的动画效果有"擦除""棋盘""飞入""上浮"和"出现"等，最后讲解如何放映幻灯片动画，效果如图 9-84 所示。

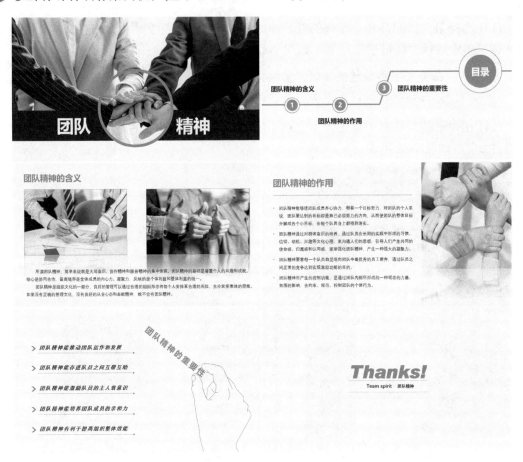

图 9-84　团队精神宣传片

操作步骤

(1)　按 Ctrl+N 组合键新建一个空白演示文稿，选择"视图"选项卡，在"母版视图"选项组中单击"幻灯片母版"按钮，如图 9-85 所示。

(2)　在幻灯片窗格中选择母版幻灯片，然后在"幻灯片母版"选项卡的"背景"选项组中单击 🖼 按钮，如图 9-86 所示。

图 9-85　单击"幻灯片母版"按钮

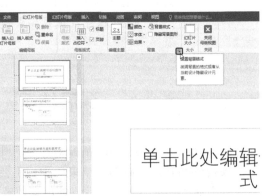

图 9-86　单击 🖼 按钮

（3）弹出"设置背景格式"任务窗格，单击"颜色"右侧的 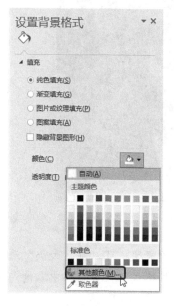 图标，在弹出的下拉列表中选择"其他颜色"选项，如图 9-87 所示。

（4）弹出"颜色"对话框，在"标准"选项卡中选择如图 9-88 所示的颜色，单击"确定"按钮。

图 9-87 选择"其他颜色"选项

图 9-88 选择颜色

（5）单击"全部应用"按钮，在"关闭"选项组中单击"关闭母版视图"按钮。选择"插入"选项卡，在"图像"选项组中单击"图片"按钮，弹出"插入图片"对话框，在该对话框中选择素材图片"合作 1.jpg"，单击"插入"按钮，如图 9-89 所示。

图 9-89 选择素材图片

（6）即可将选择的素材图片插入幻灯片中，然后选择"图片工具"下的"格式"选项卡，在"大小"选项组中将"形状高度"设置为 20.69 厘米，将"形状宽度"设置为 33.87 厘米，并调整素材图片的位置，效果如图 9-90 所示。

图 9-90　调整素材图片

提示：　如果只想更改图片的高度而不更改图片的宽度，可以在"大小"选项组中单击右下角的　按钮，在打开的"设置图片格式"任务窗格中取消勾选"锁定纵横比"复选框。

(7)　在"大小"选项组中单击　按钮，在弹出的下拉列表中选择"裁剪"选项，然后在幻灯片中调整裁剪区域，如图 9-91 所示。

图 9-91　调整裁剪区域

(8)　调整完成后按 Esc 键，然后在"调整"选项组中单击"颜色"按钮　，在弹出的下拉列表中选择"色温：11200 K"，如图 9-92 所示。

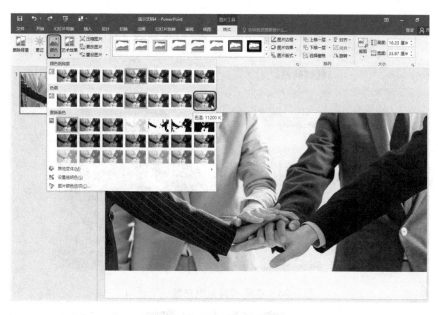

图 9-92　调整图片色调

（9）选择"插入"选项卡，在"插图"选项组中单击"形状"按钮，在弹出的下拉列表中选择"矩形"选项，如图 9-93 所示。

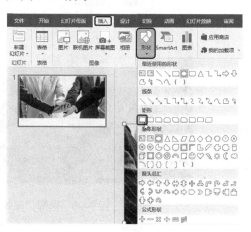

图 9-93　选择"矩形"选项

（10）在幻灯片中绘制"形状高度""形状宽度"分别为 4 厘米、33.87 厘米的矩形，选择"绘图工具"下的"格式"选项卡，在"形状样式"选项组中单击"形状填充"按钮 形状填充▾，在弹出的下拉列表中选择"其他填充颜色"选项，如图 9-94 所示。

（11）弹出"颜色"对话框，选择"自定义"选项卡，将"红色""绿色"和"蓝色"的值分别设置为 54、52、55，单击"确定"按钮，如图 9-95 所示。

（12）单击"形状轮廓"按钮 形状轮廓▾，在弹出的下拉列表中选择"无轮廓"选项，如图 9-96 所示。

（13）选择插入的素材图片和绘制的矩形，然后单击鼠标右键，在弹出的快捷菜单中选择"组合"|"组合"命令，即可将选择的对象组合在一起，如图 9-97 所示。

图 9-94 选择"其他填充颜色"选项

图 9-95 设置颜色

图 9-96 选择"无轮廓"选项

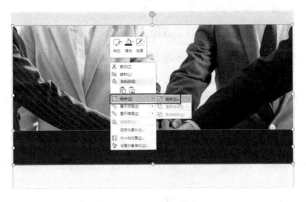

图 9-97 组合对象

(14) 选择"动画"选项卡，在"动画"选项组中单击"其他"按钮，在弹出的下拉列表框中选择"擦除"动画，即可为组合对象添加该动画，效果如图 9-98 所示。

图 9-98　添加动画

(15) 在"动画"选项组中单击"效果选项"按钮，在弹出的下拉列表中选择"自左侧"选项，在"计时"选项组中将"开始"设置为"与上一动画同时"，将"持续时间"设置为 00.50，如图 9-99 所示。

图 9-99　设置动画

(16) 选择"插入"选项卡，在"插图"选项组中单击"形状"按钮，在弹出的下拉列表框中选择"椭圆"选项，然后在按住 Shift 键的同时绘制"形状高度""形状宽度"均为 10 厘米的正圆，如图 9-100 所示。

(17) 选择"绘图工具"下的"格式"选项卡，在"形状样式"选项组中单击"形状填充"按钮，在弹出的下拉列表中选择"图片"选项，在弹出的对话框中单击"从文件"选项，如图 9-101 所示。

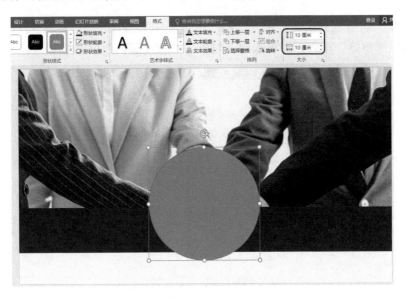

图 9-100　绘制正圆

(18) 弹出"插入图片"对话框,在该对话框中选择素材图片"合作 1.jpg",单击"插入"按钮,即可将选择的素材图片插入正圆中,如图 9-102 所示。

图 9-101　单击"从文件"选项　　　　　　　图 9-102　插入的素材图片

(19) 选择"图片工具"下的"格式"选项卡,在"大小"选项组中单击 按钮,在弹出的下拉列表中选择"调整"选项,然后在幻灯片中调整素材图片的大小和位置,效果如图 9-103 所示。

(20) 调整完成后按 Esc 键。然后在"调整"选项组中单击"颜色"按钮 ,在弹出的下拉列表中选择"色温:8800 K",如图 9-104 所示。

(21) 选择"绘图工具"下的"格式"选项卡,在"形状样式"选项组中单击 按钮,弹出"设置图片格式"任务窗格,单击"填充与线条"按钮 ,在"线条"选项组中单击"颜色"右侧的 图标,在弹出的下拉列表中选择"其他颜色"选项,如图 9-105所示。

(22) 弹出"颜色"对话框,在"自定义"选项卡中将"红色""绿色"和"蓝色"分别设置为 255、147、0,单击"确定"按钮,如图 9-106 所示。

(23) 将"宽度"设置为 10 磅,如图 9-107 所示。

图 9-103　调整素材图片

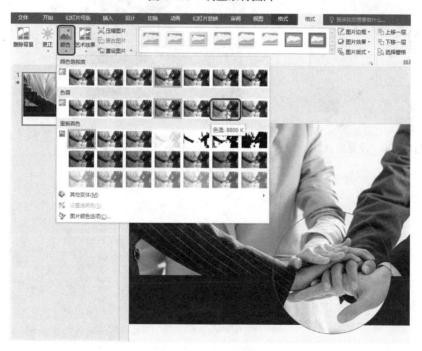

图 9-104　调整色调

(24) 选择"动画"选项卡，在"动画"选项组中单击"其他"按钮，在弹出的下拉列表中选择"更多进入效果"选项，如图 9-108 所示。

(25)弹出"更改进入效果"对话框，在该对话框中选择动画"棋盘"，单击"确定"按钮，如图 9-109 所示。

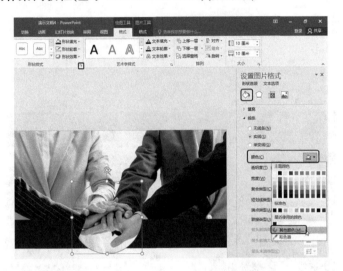

图 9-105　选择"其他颜色"选项

图 9-106　设置颜色

图 9-107　设置轮廓宽度

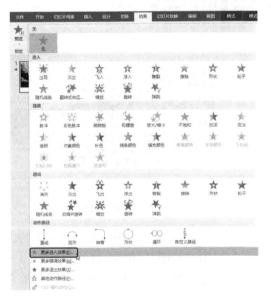

图 9-108　选择"更多进入效果"选项

（26）在"计时"选项组中将"开始"设置为"上一动画之后"，将"持续时间"设置为 00.50，将"延迟"设置为 00.50，如图 9-110 所示。

图 9-109　选择动画

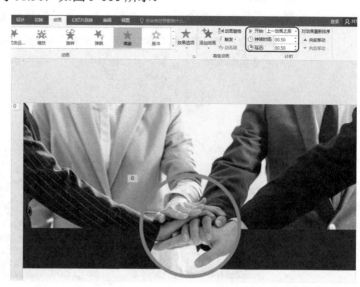

图 9-110　设置动画

（27）选择"插入"选项卡，在"文本"选项组中单击"文本框"→"横排文本框"按钮，在幻灯片中绘制文本框并输入文字。输入文字后选择文本框，在"开始"选项卡的"字体"选项组中将"字体"设置为"微软雅黑"，将"字号"设置为 66，将文字颜色设置为白色，并单击"加粗"按钮 B，如图 9-111 所示。

图 9-111　输入并设置文字

提示：　选择"插入"选项卡，在"插图"选项组中单击"形状"按钮，在弹出的下拉列表中选择"文本框"选项，同样可以在幻灯片中绘制横排文本框。

(28) 选择"动画"选项卡，在"动画"选项组中为文字添加"飞入"动画效果，然后单击"效果选项"按钮，在弹出的下拉列表中选择"自左侧"选项，在"计时"选项组中将"开始"设置为"上一动画之后"，将"持续时间"设置为 00.50，如图 9-112 所示。

图 9-112　添加并设置动画

(29) 继续输入文字"精神"，并为输入的文字添加动画，效果如图 9-113 所示。

图 9-113　输入文字并添加动画

(30) 选择"切换"选项卡，在"计时"选项组中取消勾选"单击鼠标时"复选框，勾选"设置自动换片时间"复选框，将时间设置为 00:03.00，如图 9-114 所示。

(31) 选择"开始"选项卡，在"幻灯片"选项组中单击 幻灯片·按钮，在弹出的下拉列表中选择"空白"选项，如图 9-115 所示。

(32) 即可新建一个空白幻灯片，选择"插入"选项卡，在"插图"选项组中单击"形状"按钮，在弹出的下拉列表中选择"任意多边形"选项，如图 9-116 所示。

图 9-114　设置换片方式

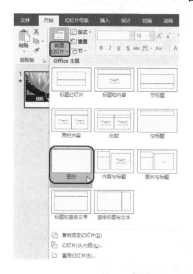

图 9-115　选择"空白"选项

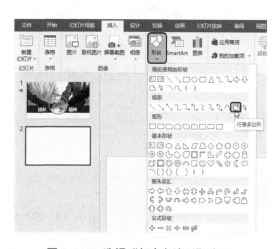

图 9-116　选择"任意多边形"选项

(33) 在幻灯片中绘制图形，如图 9-117 所示。

(34) 选择绘制的图形，然后选择"绘图工具"下的"格式"选项卡，在"形状样式"选项组中单击"形状轮廓"按钮 形状轮廓▾，在弹出的下拉列表中选择如图 9-118 所示的颜色，将轮廓粗细设置为 4.5 磅。

(35) 选择"动画"选项卡，在"动画"选项组中为绘制的图形添加"擦除"动画效果，然后单击"效果选项"按钮，在弹出的下拉列表中选择"自左侧"选项，在"计时"选项组中将"开始"设置为"上一动画之后"，将"持续时间"设置为 01.00，如图 9-119 所示。

(36) 选择"插入"选项卡，在"插图"选项组中单击"形状"按钮，在弹出的下拉列表中选择"椭圆"选项，按住 Shift 键的同时绘制"形状高度""形状宽度"均为 5.82 厘米的正圆，如图 9-120 所示。

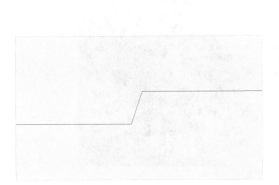

图 9-117　绘制图形　　　　　　　　　　图 9-118　设置图形颜色

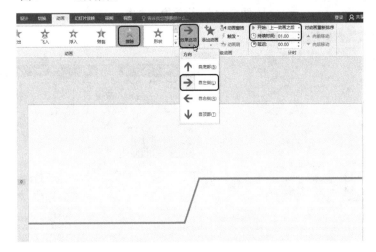

图 9-119　添加并设置动画

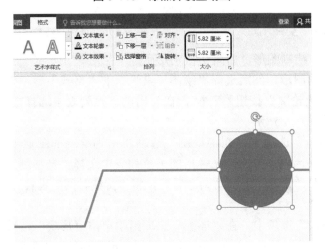

图 9-120　绘制正圆

(37) 选择"绘图工具"下的"格式"选项卡，在"形状样式"选项组中单击"形状填充"按钮，在弹出的下拉列表中选择如图 9-121 所示的颜色。

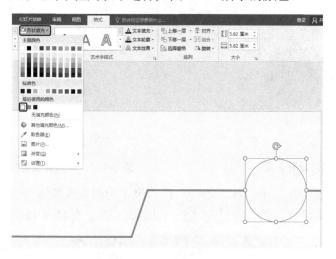

图 9-121　设置填充颜色

(38) 在"形状样式"选项组中单击"形状轮廓"按钮，在弹出的下拉列表中选择如图 9-122 所示的颜色，然后将轮廓粗细设置为 2.25 磅。

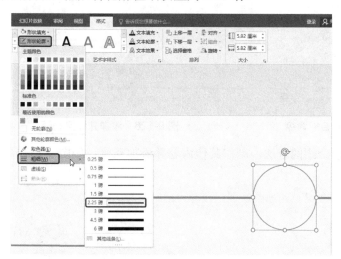

图 9-122　设置轮廓

(39) 继续绘制正圆并设置填充颜色，然后取消轮廓线填充，效果如图 9-123 所示。

(40) 在新绘制的正圆上单击鼠标右键，在弹出的快捷菜单中选择"编辑文字"命令，然后在正圆中输入文字，输入文字后选择正圆，在"开始"选项卡的"字体"选项组中，将"字体"设置为"微软雅黑"，将"字号"设置为 36，将字体颜色设置为白色，并单击"加粗"按钮 B，如图 9-124 所示。

(41) 选择绘制的两个正圆，并单击鼠标右键，在弹出的快捷菜单中选择"组合"|"组合"命令，如图 9-125 所示。

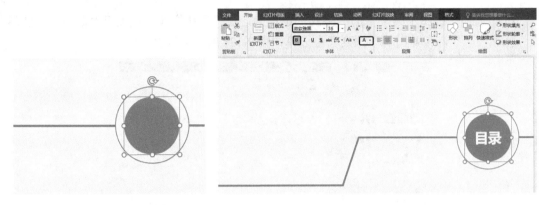

图 9-123　绘制并设置正圆　　　　　　　　　图 9-124　输入并设置文字

(42) 选择"动画"选项卡，在"动画"选项组中为组合对象添加"弹跳"动画效果，在"计时"选项组中将"开始"设置为"上一动画之后"，如图 9-126 所示。

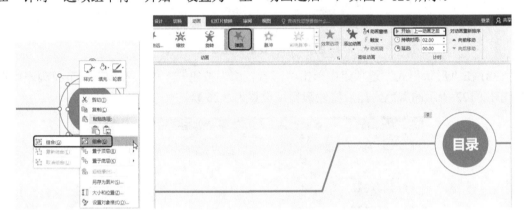

图 9-125　选择"组合"命令　　　　　　　　图 9-126　添加并设置动画

(43) 结合前面介绍的方法，制作其他内容并添加动画，如图 9-127 所示。

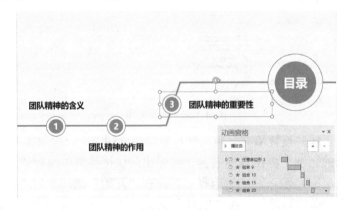

图 9-127　制作其他内容并添加动画

(44) 选择"切换"选项卡，在"切换到此幻灯片"选项组中为幻灯片添加"分割"切换效果，然后在"计时"选项组中取消勾选"单击鼠标时"复选框，勾选"设置自动换片时间"复选框，将时间设置为 00:06.00，如图 9-128 所示。

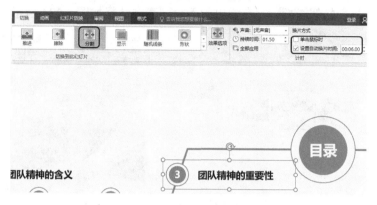

图 9-128 添加切换效果

(45) 新建一个空白幻灯片，选择"插入"选项卡，在"文本"选项组中单击"文本框"→"横排文本框"按钮，在幻灯片中绘制文本框并输入文字。输入文字后选择文本框，在"开始"选项卡的"字体"选项组中将"字体"设置为"微软雅黑"，将"字号"设置为32，设置文字颜色，并单击"加粗"按钮，如图 9-129 所示。

(46) 选择"动画"选项卡，在"动画"选项组中为输入的文字添加"擦除"动画效果，然后单击"效果选项"按钮，在弹出的下拉列表中选择"自左侧"选项，在"计时"选项组中将"开始"设置为"与上一动画同时"，将"持续时间"设置为 00.50，如图 9-130 所示。

图 9-129 输入并设置文字

图 9-130 添加并设置动画

(47) 选择"插入"选项卡，在"图像"选项组中单击"图片"按钮，弹出"插入图片"对话框，在该对话框中选择素材图片"合作 2.jpg"，单击"插入"按钮，如图 9-131 所示。

(48) 即可将选择的素材图片插入幻灯片中，然后选择"图片工具"下的"格式"选项卡，在"大小"选项组中将"形状高度"设置为 10.45 厘米，将"形状宽度"设置为 15.05 厘米，如图 9-132 所示。

(49) 在"大小"选项组中单击 按钮，在弹出的下拉列表中选择"裁剪"选项，然后在幻灯片中调整裁剪区域，如图 9-133 所示。

(50) 调整完成后按 Esc 键，并在幻灯片中调整图片位置。然后在"图片样式"选项组中单击"图片边框"按钮 图片边框▾ ，在弹出的下拉列表中选择如图 9-134 所示的颜色。

图 9-131 选择素材图片

图 9-132 设置素材图片

提示： 若要裁剪某一侧，请将该侧的中心裁剪控点向里拖动。

若要同时均匀地裁剪两侧，请在按住 Ctrl 键的同时将任一侧的中心裁剪控点向里拖动。

若要同时均匀地裁剪全部四侧，请在按住 Ctrl 键的同时将一个角部裁剪控点向里拖动。

图 9-133 调整裁剪区域

图 9-134 设置边框颜色

(51) 在"图片样式"选项组中单击"图片效果"按钮 图片效果▾ ，在弹出的下拉列表中选择"映像"|"紧密映像，接触"选项，如图 9-135 所示。

(52) 选择"动画"选项卡，在"动画"选项组中为素材图片添加"浮入"动画效果，在"计时"选项组中将"开始"设置为"上一动画之后"，将"持续时间"设置为 01.00，如图 9-136 所示。

(53) 使用同样的方法，继续插入素材图片并添加动画，效果如图 9-137 所示。

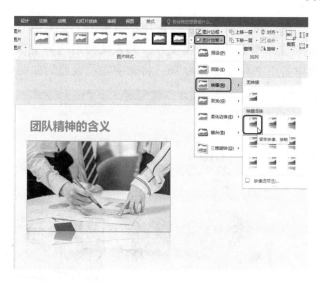

图 9-135　添加映像

图 9-136　设置动画

图 9-137　插入素材图片并添加动画

(54) 选择"插入"选项卡，在"文本"选项组中单击"文本框"→"横排文本框"按钮 ，在幻灯片中绘制文本框并输入段落文字。输入文字后选择文本框，在"开始"选项卡的"字体"选项组中将"字号"设置为 16，将文字颜色设置为如图 9-138 所示的颜色。

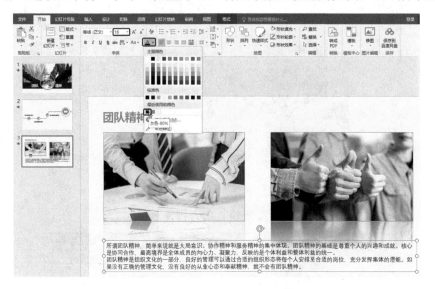

图 9-138　输入并设置文字

(55) 在"段落"选项组中单击 按钮，弹出"段落"对话框，在"缩进"选项组中将"特殊格式"设置为"首行缩进"，将"度量值"设置为 1.25 厘米，在"间距"选项组中将"行距"设置为"1.5 倍行距"，单击"确定"按钮，如图 9-139 所示。

(56) 选择"动画"选项卡，在"动画"选项组中单击"其他"按钮 ，在弹出的下拉列表中选择"更多进入效果"选项，如图 9-140 所示。

图 9-139　设置段落格式

图 9-140　选择"更多进入效果"选项

(57) 弹出"更改进入效果"对话框，在该对话框中选择动画"中心旋转"，单击"确定"按钮，如图 9-141 所示。

(58) 在"计时"选项组中将"开始"设置为"上一动画之后"，将"持续时间"设置为 01.00，如图 9-142 所示。

图 9-141　选择动画　　　　　　　　　　　　　图 9-142　设置动画

(59) 选择"切换"选项卡，在"切换到此幻灯片"选项组中为幻灯片添加"分割"切换效果，然后在"计时"选项组中取消勾选"单击鼠标时"复选框，勾选"设置自动换片时间"复选框，将时间设置为 00:04.00，如图 9-143 所示。

图 9-143　添加并设置切换效果

(60) 新建一个空白幻灯片，选择"插入"选项卡，在"图像"选项组中单击"图片"按钮，弹出"插入图片"对话框，在该对话框中选择素材图片"合作 4.jpg"，单击"插入"按钮，如图 9-144 所示。

(61) 即可将选择的素材图片插入幻灯片中，然后选择"图片工具"下的"格式"选项卡，在"大小"选项组中单击 裁剪 按钮，在弹出的下拉列表中选择"裁剪"选项，然后在幻灯片中调整裁剪区域,如图 9-145 所示。

图 9-144　选择素材图片

图 9-145　调整裁剪区域

(62) 调整完成后按 Esc 键,并在幻灯片中调整图片的大小及位置。在"图片样式"组中单击"图片效果"按钮,在弹出的下拉列表中选择"映像"|"紧密映像,接触"选项,如图 9-146 所示。

(63) 结合前面介绍的方法输入文字并添加动画,效果如图 9-147 所示。

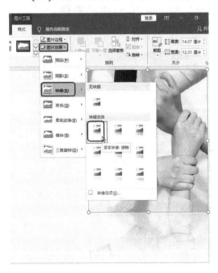

图 9-146　添加映像效果

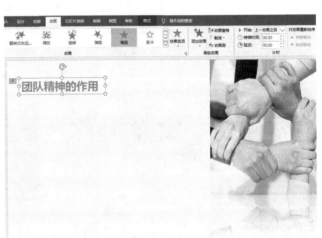

图 9-147　输入文字并添加动画

(64) 选择"插入"选项卡,在"插图"选项组中单击"形状"按钮,在弹出的下拉列表框中选择"直线"选项,然后在幻灯片中绘制直线,如图 9-148 所示。

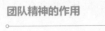

图 9-148　绘制直线

(65) 选择"绘图工具"下的"格式"选项卡，在"形状样式"选项组中单击　按钮，弹出"设置形状格式"任务窗格，在"线条"选项组中设置颜色，将"宽度"设置为 2.25 磅，将"短划线类型"设置为"圆点"，如图 9-149 所示。

图 9-149　设置直线

(66) 选择"动画"选项卡，在"动画"选项组中为直线添加"擦除"动画效果，然后单击"效果选项"按钮，在弹出的下拉列表中选择"自左侧"选项，在"计时"选项组中将"开始"设置为"上一动画之后"，将"持续时间"设置为 01.00，如图 9-150 所示。

图 9-150　添加并设置动画

(67) 选择"插入"选项卡，在"文本"选项组中单击"文本框"→"横排文本框"按钮　，在幻灯片中绘制文本框并输入段落文字。输入文字后选择文本框，在"开始"选项卡的"字体"组中将"字号"设置为 16，将文字颜色设置为如图 9-151 所示的颜色。

(68) 在"段落"选项组中单击"段落"按钮，弹出"段落"对话框，在"间距"选项组中将"段前"设置为 10 磅，将"行距"设置为"1.5 倍行距"，单击"确定"按钮，如图 9-152 所示。

(69) 在"段落"选项组中单击"项目符号"按钮右侧的　按钮，在弹出的下拉列表中选择"项目符号和编号"选项，如图 9-153 所示。

提示：　项目符号和编号是放在文本前的点或其他符号，起到强调作用。合理使用项目符号和编号，可以使文档的层次结构更清晰、更有条理。

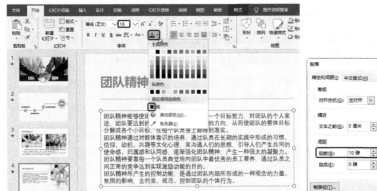

图 9-151　输入并设置文字　　　　　　　　图 9-152　设置段落间距

(70) 弹出"项目符号和编号"对话框，选择如图 9-154 所示的项目符号样式，然后设置颜色，设置完成后单击"确定"按钮。

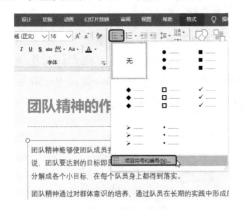
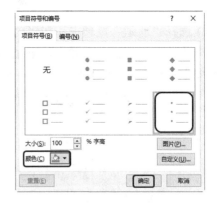

图 9-153　选择"项目符号和编号"选项　　　图 9-154　设置项目符号

(71) 选择"动画"选项卡，在"动画"选项组中为文字添加"棋盘"动画效果，在"计时"选项组中将"开始"设置为"上一动画之后"，将"持续时间"设置为 00.50，如图 9-155 所示。

图 9-155　添加并设置动画

(72) 选择"切换"选项卡，在"切换到此幻灯片"选项组中为幻灯片添加"随机线条"切换效果，然后在"计时"选项组中取消勾选"单击鼠标时"复选框，勾选"设置自动换片时间"复选框，将时间设置为 00:04.00，如图 9-156 所示。

图 9-156　添加并设置切换效果

(73) 新建一个空白幻灯片，选择"插入"选项卡，在"图像"选项组中单击"图片"按钮，弹出"插入图片"对话框，在该对话框中选择素材图片"手.png"，单击"插入"按钮，如图 9-157 所示。

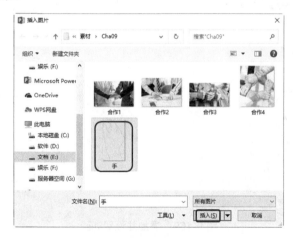

图 9-157　选择素材图片

(74) 即可将选择的素材图片插入幻灯片中，然后选择"图片工具"下的"格式"选项卡，在"大小"选项组中将"形状高度"设置为 14.6 厘米，将"形状宽度"设置为 8.12 厘米，并在幻灯片中调整其位置，如图 9-158 所示。

(75) 选择"动画"选项卡，在"动画"选项组中为图片添加"擦除"动画效果，在"计时"选项组中将"开始"设置为"上一动画之后"，将"持续时间"设置为 00.50，如图 9-159 所示。

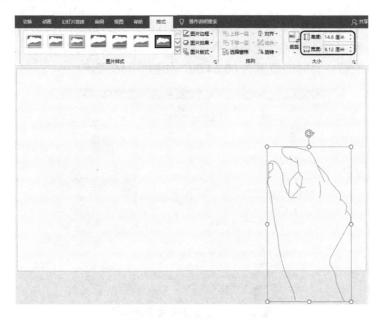

图 9-158　调整素材图片

图 9-159　添加并设置动画

(76) 选择"插入"选项卡，在"文本"选项组中单击"文本框"→"横排文本框"按钮，在幻灯片中绘制文本框并输入文字。输入文字后选择文本框，在"开始"选项卡的"字体"选项组中将"字体"设置为"微软雅黑"，将"字号"设置为 30，设置文字颜色并单击"加粗"按钮，然后单击"字符间距"按钮，在弹出的下拉列表中选择"很松"选项，如图 9-160 所示。

(77) 选择"绘图工具"下的"格式"选项卡，在"排列"选项组中单击"旋转"按钮，在弹出的下拉列表中选择"其他旋转选项"，弹出"设置形状格式"任务窗格，在"大小"组中将"旋转"设置为 38°，并在幻灯片中调整文字的位置，如图 9-161 所示。

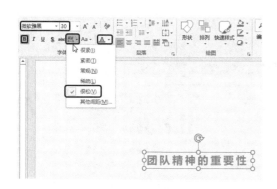

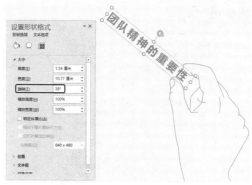

图 9-160　输入并设置文字　　　　　　　　**图 9-161　设置文字旋转角度**

(78) 选择"动画"选项卡，在"动画"选项组中为文字添加"擦除"动画效果，在"计时"选项组中将"开始"设置为"上一动画之后"，将"持续时间"设置为 00.50，如图 9-162 所示。

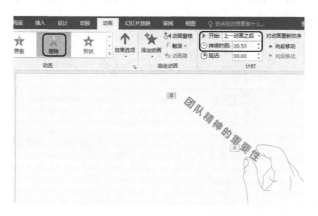

图 9-162　添加并设置动画

(79) 选择"开始"选项卡，在"绘图"选项组中单击"形状"按钮，在弹出的下拉列表框中选择"燕尾形"，如图 9-163 所示。

(80) 在幻灯片中绘制图形，选择"绘图工具"下的"格式"选项卡，在"形状样式"选项组中设置填充颜色，将轮廓颜色设置为无，如图 9-164 所示。

(81) 选择"动画"选项卡，在"动画"选项组中为图形添加"飞入"动画效果，然后单击"效果选项"按钮，在弹出的下拉列表中选择"自左侧"选项，在"计时"选项组中将"开始"设置为"上一动画之后"，将"持续时间"设置为 00.50，如图 9-165 所示。

(82) 选择"插入"选项卡，在"文本"选项组中单击"文本框"→"横排文本框"按钮，在幻灯片中绘制文本框并输入文字。输入文字后选择文本框，在"开始"选项卡的"字体"选项组中将"字体"设置为"华文细黑"，将"字号"设置为 20，设置文字颜色并单击"加粗"按钮 B 和"倾斜"按钮 I，然后单击"字符间距"按钮，在弹出的下拉列表中选择"稀疏"选项，如图 9-166 所示。

(83) 选择"动画"选项卡，在"动画"选项组中为文字添加"棋盘"动画效果，在"计时"选项组中将"开始"设置为"上一动画之后"，将"持续时间"设置为 00.50，如图 9-167 所示。

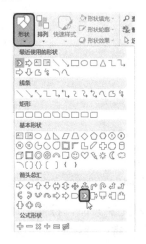

图 9-163　选择"燕尾形"

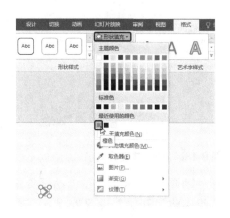

图 9-164　设置填充颜色

图 9-165　添加并设置动画

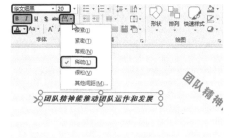

图 9-166　输入并设置文字

(84) 在幻灯片中绘制直线，选择"绘图工具"下的"格式"选项卡，在"形状样式"选项组中单击 按钮，弹出"设置形状格式"任务窗格，在"线条"选项组中设置颜色，将"宽度"设置为 2.25 磅，将"短划线类型"设置为"圆点"，将"箭头末端类型"设置为"圆形箭头"，如图 9-168 所示。

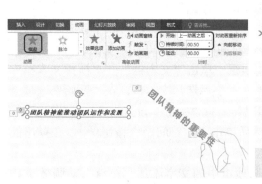

图 9-167　添加并设置动画

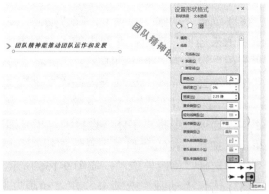

图 9-168　绘制并设置直线

(85) 选择"动画"选项卡，在"动画"选项组中为直线添加"飞入"动画效果，然后单击"效果选项"按钮，在弹出的下拉列表中选择"自左侧"选项，在"计时"选项组中将"开始"设置为"上一动画之后"，将"持续时间"设置为 00.50，如图 9-169 所示。

(86) 结合前面介绍的方法，制作其他内容，效果如图 9-170 所示。

图 9-169　添加并设置动画

图 9-170　制作其他内容

(87) 选择"切换"选项卡，在"切换到此幻灯片"选项组中为幻灯片添加"推进"切换效果，然后在"计时"选项组中取消勾选"单击鼠标时"复选框，勾选"设置自动换片时间"复选框，将时间设置为 00:10.00，如图 9-171 所示。

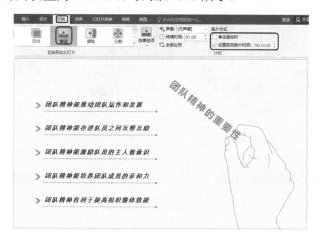

图 9-171　添加并设置切换效果

(88) 新建一个空白幻灯片，结合前面介绍的方法，输入文字并绘制直线，然后为其添加动画，效果如图 9-172 所示。

(89) 在幻灯片窗格中选择第 2 张幻灯片，然后在幻灯片中选择如图 9-173 所示的图形，选择"插入"选项卡，在"链接"选项组中单击"超链接"按钮。

提示：　在幻灯片窗格中，演示文稿中的每张幻灯片都将以缩略图方式整齐地排列，从而呈现演示文稿的总体效果。编辑时使用缩略图，可以方便地观看设计更改的效果，也可以重新排列、添加或删除幻灯片。

(90) 弹出"编辑超链接"对话框，在"链接到"列表中选择"本文档中的位置"选项，然后在"请选择文档中的位置"列表框中选择"3.幻灯片 3"，单击"确定"按钮，如图 9-174 所示。使用同样的方法，为其他对象添加超链接。

图 9-172　制作第 6 张幻灯片

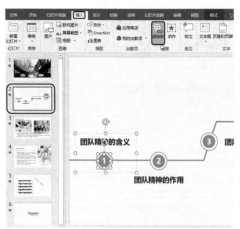

图 9-173　单击"超链接"按钮

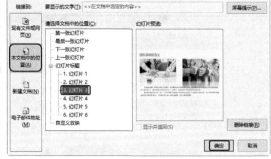

图 9-174　添加超链接

参 考 文 献

[1] 崔秀光，万安琪. PowerPoint 2010 幻灯片制作立体化教程[M]. 北京：人民邮电出版社，2015.

[2] 唐琳，李少勇. Office 2016 办公应用案例课堂[M]. 北京：清华大学出版社，2015.

[3] 唐琳，李少勇. PowerPoint 2016 实用幻灯片制作案例课堂[M]. 北京：清华大学出版社，2015.

[4] 穆洪涛，毛金玲，任雪莲. 中文版 PowerPoint 2010 演示文稿制作项目教程[M]. 上海：上海科学普及出版社，2015.

[5] 戚海英，李鹏. 全国计算机等级考试无纸化专用教材二级 MS Office 高级应用[M]. 北京：清华大学出版社，2015.

[6] 全国计算机等级考试教材编写组未来教育教学与研究中心. 全国计算机等级考试教程二级 MS Office 高级应用[M]. 北京：人民邮电出版社，2014.

[7] 于双元. 全国计算机等级考试二级教程——MS Office 高级应用(2015 年版)[M]. 北京：高等教育出版社，2014.

[8] 郑晓霞，方悦，李少勇. PowerPoint 2010 幻灯片实用设计处理完全自学教程[M]. 北京：北京希望电子出版社，2012.